ちくま新書

元徴用工 和解への道 ——

JN052826

権

内田雅敏
Uchida Masatoshi

1503

元徴用工　和解への道
――戦時被害と個人請求権

【目次】

はじめに　009

第1部　「徴用工問題」と日韓関係のゆくえ

第1章　韓国大法院判決が投げかけた問題点　016

植民地支配の清算は含まれず／日本の日韓条約反対運動にも欠落していたもの／「八項目要求」中に、元徴用工問題も入っていた？／個人の請求権は放棄されていない／外交保護権の放棄論とは？／日本の最高裁も個人の請求権は失われていないという見解／条約、協定で個人の請求権を消滅させることが出来るのか

第2章　植民地支配の実態に向き合う　044

韓国併合の歴史／植民地支配はよいことをした？／韓国叩き／負の歴史に向き合う勇気

第2部　中国人強制連行・強制労働

第1章　中国人強制連行・強制労働の歴史から学ぶ　064

閣議決定「華人労務者内地移入に関する件」／「花岡事件」――一九四五年六月三〇日の「暴動」／俘虜収容所長からの報告／秋田地方裁判所の判決／シンプソン報告書と横浜BC級裁判／東京裁判（第二次）での戦犯訴追を免れた岸信介／南方戦線にも強制連行された中国人／「幻」の外務省報告書／国から企業への不可解な補償

第2章 中国人受難者・遺族による損害賠償請求 088

鹿島建設との交渉開始／「共同発表」で責任を認める／提訴から和解の成立まで／大きな反響を呼ぶ／地元大館での追悼行事開催／新村正人元裁判長の献花／花岡事件祈念館の開設

第3章 全国で相次いだ損害賠償請求訴訟 112

「法律の壁」「条約の壁」／劉連仁事件――一三年間の逃亡・潜伏生活からの救出／損害賠償に応ずることは「条理」に適う

第4章 西松建設（旧西松組）広島安野の裁判、和解へ 122

地裁で棄却、高裁では勝訴判決／最高裁で再び棄却に／判決末尾で述べられた「付言」／加害の事実を認め、歴史的責任を認識し、深甚なる謝罪／基本原則を踏まえた和解／チャンスを生かすことができたのは持続した運動があったから／その後の和解事業の展開／鈴木敏之・元広島高裁裁判長からの書簡／日中国交正常化四〇周年の光景／鈴木敏之・元広島高裁裁判長による献花／安芸太田町長の挨拶

第5章　三菱マテリアル（旧三菱鉱業）も和解へ　148
過ちて改めざる、これ過ち／花岡、西松和解の延長上の和解／交渉→裁判→交渉の経緯をたどる／花岡、西松をはるかに超えた和解が実現／三菱マテリアル和解が拓く展望／平和資源として活かそう／新聞、テレビ等メディアの評価

第6章　判決の「付言」に見る裁判官たちの苦悩　170
「付言」の系譜をたどる／「付言」の活用を訴えた東郷和彦氏／「付言」を書いた裁判官の心情

第3部　問題解決には何が必要か

第1章　日韓基本条約・請求権協定の修正、補完は不可避　184
日韓基本条約・請求権協定と日中共同声明との違い／日韓基本条約・請求権協定を修正・補完した日韓共同宣言／平壌宣言との比較／自民党、社会党、朝鮮労働党による三党合意（共同宣言）／「解決済み」論は通用しない／日韓基本条約・請求権協定の修正・補完／元徴用工・遺族に対する賠償がなされている事例／六五年日韓基本条約・請求権協定への「先祖返り」

第2章　戦争被害における個人請求権　197
総力戦下拡大する戦争被害／空襲被害者による賠償請求／原爆被害者による賠償請求／強制連行・強制労働としてのシベリア抑留／慰安婦問題に見る強制性

第3章　冷戦によって封印された個人賠償の復権　217
戦争賠償「放棄の経緯」には何があったか？／ドイツ型基金による解決に学ぶ

第4章　韓国憲法と日本国憲法　226
韓国憲法前文／未完の日本国憲法を補完する／独・仏の和解に倣う

第5章 負の歴史に向き合う 240
花岡和解から二〇年、変わらない日本政府見解／なぜ、負の説明を回避するのか
第6章 日韓の関係改善を求めて 247
声明「韓国は「敵」なのか」署名運動／言論労組の活動／安倍政権の朝鮮半島政策の転換を求める声明／日韓法律家共同宣言
終章 あとがきに代えて 262
『反日種族主義』を読んで／「韓国の嘘つき文化」？／大法院判決は嘘の裁判？／強制動員、賃金差別の虚構性？／二枚の間違った写真で全てが否定されるか／もともと請求するものなどなかった？／あとがきに代えて

はじめに

　二〇一八年一〇月三〇日、韓国大法院は、戦時中、日本製鉄（現新日鉄住金）で強制労働させられた韓国人元徴用工らが同社に損害賠償を求めた裁判で、同社に賠償を命じる判決を言い渡しました。その後、三菱重工に対しても、同様な判決がなされました。

　そもそも徴用工というのは、どういう人たちのことをいうのでしょうか。戦時中、日本国内の労働力不足を補うために、当時日本の植民地下にあった朝鮮半島から多くの人々が日本に連れてこられ、鉄鋼、鉱山、炭鉱などで過酷な労働に従事させられました。最初は募集という体裁をとりましたがその後、官斡旋、そして最終的には国民徴用令による徴用となりました。時期によって、多少の違いがあるものの、後述するように、その実態は、総じて強制労働であり、大法院判決もそのように認定しています。

　一九九〇年代に入り、このような強制労働に従事させられた元徴用工及びその遺族ら約一〇〇〇名が、強制労働をさせた日本政府・日本企業、具体的には、日本鋼管、三菱重工、不二越、日本製鉄らに対して、未払い賃金の支払い、強制労働・暴行等を理由とする一五件の損害賠償請求の訴えを起こしました。一人当たりの請求金額は五〇〇〇万〜二〇〇〇〇万円で、ほとんどが一〇〇〇〇万円程度です。

日本の裁判所は、強制労働の実態等については認定しながらも、これらの請求そのものについては、これを認めず、請求棄却の判決を下しました。そこで元徴用工らは韓国の裁判所に提訴したのです、いろいろな経緯もありましたが、韓国の裁判所がこれを認めたのです。

元徴用工らの慰謝料などの損害賠償請求をみとめた大法院判決に対する日本社会の反応は、この問題は一九六五年六月二二日調印（その後批准）された日韓基本条約・請求権協定で決着済みであり、大法院判決は日韓の国家間の合意に反する、「ちゃぶ台返し」と、批判の声がしきりです。しかし個々の新聞記者、学者たちと個人的に話すと、元政府高官も含めて、この問題をめぐる日本社会の反応には疑問を呈する人も大勢います。

筆者と同世代の元内閣法制局長官も、この問題の解決を一企業に押し付けることには疑問を呈しながらも、後述するように、日韓請求権協定で放棄されたのは国家の外交保護権であって、個人の請求権は放棄されていないのだから、メディアの論調はおかしいと明言しています。

韓国政府の対応を「国家間の合意の反故」、「ちゃぶ台返し」と言うのは、ある意味わかり易い批判です。しかし、後述するように、そもそも、一九六五年の日韓請求権協定の「ちゃぶ台」には、元徴用工問題、元慰安婦問題のような植民地支配下における個人の被害賠償問題は乗っかっていなかったのです。

その後、メディア等でも、少しずつではありますが、個々の記者の評論、コラム等で、個人の請求権は消滅していないとする論が展開されたりしていますが、なぜか、社説、社論とはなっていません。

日本と韓国、中国とは昔から深い関係にあります。

「日中両国は一衣帯水《いちいたいすい》の間にある隣国であり、長い伝統的友好の歴史を有する」、一九七二年九月二九日、日中国交正常化を果たした、田中角栄首相と周恩来総理との間でなされた日中共同声明の前文の一節です。

「一衣帯水」、つまり、日中両国は、一本の帯のような幅の狭い水（海）によって隔てられた、近く、また「長い伝統的な友好の歴史」を有する親しい国という意味です。古代における遣唐使の派遣など、日本は中国文明から多くのものを受け取ってきました。

これに倣って、中国よりもっと近い日韓関係を「一葦水《いちいのみず》」の間にある隣国、すなわち一本の葦のように細い水（海）によって隔てられた近い、親しい国というい方がなされます。韓国とは、古代における渡来人、『故郷忘じがたく候う』（司馬遼太郎）が描いた薩摩における薩摩白焼きの陶工の村、朝鮮通信使、など「長い伝統的友好の歴史」を有する親しい隣国です。

対馬藩の儒学者雨森芳洲の唱えた「誠信交隣」という言葉もよく知られています。

秀吉の朝鮮侵略に際し、秀吉軍からの逃亡あるいは朝鮮軍の捕虜となった秀吉軍の将兵が、降倭隊（一〇〇〇人規模）として、「南無観世音菩薩」の幟旗を掲げ朝鮮義兵と共に秀吉軍と戦ったという史実もあるようです。作家の飯嶋和一氏が『星夜航行』（新潮社）で描いています。司馬遼太郎氏も『韓のくに紀行』（朝日文庫）で書いています。降倭隊は、秀吉軍撤退に際し、船の不足により放置された足軽、軍夫らの救出にも動いたようです。

ところで、二〇一八年、来日した韓国人旅行者は約七五〇万人（韓国の人口からすると七人に一人の割合）、全来日外国人旅行者三〇〇〇万人の四分の一を占めました。日本からの韓国への旅行者は約三〇〇万人、実に一〇〇〇万人の人々が日本と韓国の間を行き来したのです。韓国駐在の長かった元商社マンの私の友人は、現在も韓国から年金を受領しているそうです。

このように親密な日韓関係が、前述した韓国大法院（最高裁判所）の元徴用工判決を契機とし、日本政府による韓国向け半導体の輸出規制、それに対抗しての韓国政府による日韓軍事情報包括保護協定（ＧＳＯＭＩＡ）の更新拒否通告（その後通告の「留保」ということになりましたが）、等々、短期間の間に一気に悪化し、韓国から来日する旅行者が激減しました。二〇一九年度は二五パーセントの減だといいます。日本からの韓国への輸出も激減しています。

二〇二〇年三月一日、三・一独立運動記念式典で、韓国の文在寅大統領は、感染拡大が続く新型コロナウイルス問題につき「共に危機を克服し、未来志向の協力関係に向けて共に努力していこう」と日本に呼びかけ、そして日本を「常に最も近い隣国」と表現し、「過去を直視してこそ、傷を克服できる。過去を忘れることはできないが、過去にとどまることもない。日本もそのような姿勢を見せてくれることを願う」と演説し、日韓関係は、一九九八年一〇月八日、金大中大統領と小渕恵三首相によって発せられた「日韓共同宣言二一世紀に向けたパートナーシップ」の精神に基づいて律せられるべきであることを訴えました（二〇二〇年三月二日付け毎日新聞）。

第1部

「徴用工問題」と日韓関係のゆくえ

第1章　韓国大法院判決が投げかけた問題点

†植民地支配の清算は含まれず

二〇一八年一〇月三〇日の韓国大法院の判決は、まず、元徴用工問題に関する日本の裁判所での判決（最高裁二〇〇三年一〇月九日判決、請求棄却）について以下のように述べます。

日本の韓半島と韓国人に対する植民地支配が合法的であるという規範的認識を前提に、日帝（日本帝国）の「国家総動員法」と「国民徴用令」を韓半島と原告らに適用することが有効であると評価した以上、このような判決理由が込められた同事件の日本判決をそのまま承認するのは、大韓民国の善良な風俗や、その他の社会秩序に違反するものであり、したがって、我が国で、同事件の日本判決を承認してその効力を認定することはできない。

大法院判決は、日本の裁判所の判決は、当時の国際法の下では植民地支配を合法であったということを前提とし、植民地支配の問題に真摯に向き合っていないから、この判決を受け入れることは出来ないとしたのです。

一九六五年六月二二日締結された日韓基本条約は、英文を正文としており、日韓併合条約等の無効を宣言した第二条は、「It is confirmed that all treaties or agreements concluded between the Empire of Japan and the Empire of Korea on or before August 22, 1910 are already null and void.」となっています。

日韓国交正常化交渉の中で、日本側は、一貫して植民地支配は合法であったと主張し、正文の英文の「already null and void」を現時点では「もはや」無効であることを確認する、すなわち締結当時及びその後も有効であったが、一九四五年八月一五日の日本の敗戦、もしくは一九四八年大韓民国成立によって無効となったと解し、第二条を「一九一〇年八月二二日以前に大日本帝国と大韓帝国との間で締結されたすべての条約及び協定は、もはや無効であることが確認される」と訳しました。他方、韓国側はこれを「とうに無効である」、つまり当初から無効だと訳しました。

同様な問題は、朝鮮文化財の返還に関する協定でも起こりました。韓国側は当該財物は植民地支配下で違法に奪われたものであるから「返還」されるべきだと主張しました。日本側は、これを否定し、国有物については「引き渡す」とし、民間の所有となっているものついては「韓国側に寄贈されることになることを希望する」としました。このように、日韓基本条約には、締結の当初から、その根本、本質の部分に於いて、日本と韓国は異なる見解を有しており、歴史認識の共有がなかったのです。

植民地支配について日韓両国が歴史認識を共有するには後述する一九九八年の「日韓共同宣言　二一世紀に向けてのパートナーシップ」まで待たねばなりませんでした。


大法院判決は、原告らが訴えた強制労働の実態について概略以下のように認定しました。

① 一九四一年四月二六日、日本政府直属機構である鉄鋼統制会が設立された。鉄鋼統制会は韓半島で労務者動員を積極的に拡充することとし、日本政府と協力して労務者を動員し、旧日本製鉄は鉄鋼統制会の会長を歴任するなど鉄鋼統制会で主導的な役割を果たした。

② 被告（旧日本製鉄）は、平壌で、日本の製鉄所で二年間訓練を受ければ、韓半島の製鉄所で技術者として就職することができるなどという募集広告をなし、朝鮮人労働者を集めたが、その労働の実態は技術取得など全く出来ない長時間労働であった。
③ 労働時間は、はじめは、八時間労働の昼夜三交代制、休暇もなく、後に一二時間労働となった。
④ 賃金は、直接支給されず、預金させられ、それを会社が管理した。
⑤ 最初の六ヶ月は外出も禁止された。
⑥ 提供される食事の量は非常に少なく、しばしば殴打されるなどの体罰を受けた。
⑦ 寄宿舎に警察や憲兵がしばしば立ち寄り、「逃げてもすぐ捕まえられる」と脅したので、逃亡もかなわなかった。

後述する（七一頁）、中国人強制労働、花岡事件における、仙台俘虜収容所長からの情報局宛の報告書中にある「華人ヲ取扱フコト牛馬ヲ取扱フ如クニシテ」を想起させます。

一九四三年一一月二七日、米国のルーズベルト大統領、中国の蔣介石総統、及び英国のチャーチル首相の三者が署名（発表は一二月一日）したカイロ宣言では、「前記三大国（米・英・中）は、朝鮮人民の奴隷状態に留意し、やがて朝鮮を自由独立なものにする決意を有する」としています。このくだりは、台湾など、日本の植民地支配に苦しむ、中国の蔣介石総統の強い意向によるものだと思われます。

歴代日本政府は、ソ連、その崩壊後はロシアと、いわゆる「北方領土」返還交渉を為すに際して、カイロ宣言に「同盟国（連合国）は、自国の為には利得を求めず、又領土拡張の念を有しない。同盟国の目的は、一九一四年、第一次世界大戦開始以来、日本国が奪取し、又は占領した太平洋におけるすべての島を日本国から剝奪すること、並びに満州、台湾及び澎湖島のような日本国が清国人から盗取したすべての地域を中華民国に返還することにある」とあることを強調して来ましたが（『われらの北方領土』外務省国内広報課）、カイロ宣言中にある前記「朝鮮人民の奴隷状態」云々については、全く知らないふりをしています。カイロ宣言の恣意的な引用です。

この様な強制労働の実態、その違法性については、後述するように、日本の裁判所の判決も認定しています。なお、日本に行って働けば、技術が取得できるとの甘言によって低賃金で外国人労働者を募集したのは、現在の外国人技能実習生に関して見られる問題でもあります。

大法院判決は、前述のような事実認定をした上で、以下のように述べます。

① 韓国の元徴用工らが請求している植民地支配による慰藉料請求権は、日韓の国家間の合意である請求権協定には含まれていない。

② 同協定第二条にいう権利の放棄とは、国家の外交保護権の放棄であって、個人の請求権は放棄されていない。

韓国の大法院は一三人の大法官によって構成（大法廷の外に各四人で構成される三つの小法廷があります）されており、一三人中八人の大法官が①の見解を示しました。残り五人が①の見解に反対でしたが、その中三人が②の見解を示しました。その結果八人＋三人＝一一人の大法官によって、加害企業である新日鉄住金に賠償を命じる法廷意見（判決主文）が形成されました。法廷意見に反対の二人の大法官ですが、彼らは、被害者らの賠償を求める権利は、請求権協定で、「完全かつ、最終的な解決」がなされている以上、もはや国家の外交保護権による、あるいは裁判上での救済は得られないとしました。しかし、権利そのものは消滅していないとしています。その意味では日本の最高裁判決とも似かよった内容となっています。

ところで、「外交保護権」、聞きなれない言葉です。末川博編『法学辞典』（日本評論社）には、外交的保護権として「外国にある国民の利益を本国が外交手続きにより保護する権利」とあります。大法院判決の中で、反対意見を述べた前記二人の大法官は、外交保護権について、以下のように述べています。

「国際法上国家の外交的保護権とは、外国で自国民が違法・不当な扱いを受けたが、現地の機関を通じた適切な権利救済が行われない場合に、最終的にその国籍国が外交手続きや国際司法手続きを通じて外国政府に対して、自国民に対する適切な保護や救済を求めることが出来る権利である」

これを元徴用工問題に則して考えますと、元徴用工の、強制労働させられた日本の企業に対する損害賠償請求権については、韓国政府は、外交手続きによってその履行を求める権利ということになり、それを放棄したのですから、韓国政府としては、そのような権利は行使しない、という意味になります。しかし権利そのものが消滅したわけではありません。

前記二点の判決理由は、後述することになりますが、従来からの日本政府の見解、すなわち、日韓基本条約・請求権協定には植民地支配の清算的意味合いはない、放棄されたのは国家の外交保護権であって個人の請求権は放棄されていない、そのものなのです。

また、大法院判決が指摘するように、六五年の日韓基本条約・請求権協定による両国間の合意の範囲には、本件で問題となっている日本の韓国に対する植民地支配の清算は含まれていませんでした。

朝鮮戦争の最中、一九五一（昭和二六）年一〇月二〇日から日韓国交正常化交渉、俗にいう「日韓会談」が始まりました。一〇月二〇日に開かれたのは予備会談で、場所は東京丸の内の連合国軍総司令部（ＧＨＱ）外交局の会議室でシーボルト外交局長もオブザーバー参加し、「実態は日韓米会談」（高崎宗司『検証　日韓会談』岩波新書）でした。

そこでの交渉内容は以下のようなものでした。

韓国側は日本の植民地支配に対する賠償として十数億ドルを請求しました。その中には、植民地支配の中で日本側に奪われた美術品、文物の返還請求も含まれていました。

これに対し日本側は、植民地支配は合法であったのであり、賠償の必要はない、日本は韓国の鉄道敷設、港湾建設等、インフラ整備に莫大な資金を投じたと、対応しました。

このような、植民地支配にはいい面もあったという日本側の発言をめぐって、交渉はしばしば中断しました。その中でも最も有名なのが一九五三年の「久保田発言」です。日本側・久保田貫一郎委員の「日本としても朝鮮の鉄道や港を造ったり農地を造成したりし、大蔵省は、当時、多い年で二千万円も持ち出している」、カイロ宣言にいう「朝鮮人民の奴隷状態」という言葉は連合国の戦時ヒステリーの表現である（他方、北方諸島返還交渉ではカイロ宣言を積極的に活用していることは、すでに述べたところです）、等々の発言をめぐって、韓国側が破壊的な発言であると激昂し、交渉は一九五七年一二月まで四年間中断しました。

日韓基本条約・請求権協定締結（一九六五年六月二二日）直前の同年一月七日の記者会見でも、高杉晋一日本側首席代表は、「日本はよいことをしようとしていた、もう二〇年朝鮮を支配していたらよかった」などと発言しました。

留意しておかなければならないのは、植民地支配の違法・不当性を否定する日本政府の見解が、当時の日本社会の「共通の認識」であったことです。当時の野党・日本社会党の指導者らも、「韓国になめられるな」と政府に発破をかけるありさまでした。

「当時」だけではありません。最近でも、こんなことがありました。二〇一九年四月、韓国で、大規模な山火事が発生し、五〇〇ヘクタール（サッカー場七三五面分）を焼失、韓国政府が「国家災難事態」を宣言しました。この災害に対して、『日本国紀』の作家百田尚樹氏は、

「お隣の国で大きな山火事が起こっているそうだが、韓国政府は日本に賠償を求めてくるような気がする。なぜなら、『これだけ山火事が広がったのは、日本が併合時代に大量に植林したからだ！』と言い出してくる気がするからだ」とツイートしたといいます。他人の不幸をせせら笑う百田氏の人間性について、いまさら云々する気はありませんが、しか

し酷いものです。

このように難航していた日韓会談が、一九六五年に、日本が韓国に無償三億ドル、有償二億ドルを支給（第一条）し、かつ、インフラなど韓国における日本の資産、諸権利を放棄する（第二条）とする請求権協定がまとまったのは、ベトナム戦争に呻吟していた米国の強い指導があったからです。その意味では六五年の日韓基本条約・請求権協定は米・日・韓の三か国条約とも言えましょう。正文が英文であったこと、植民地支配について日韓両国に歴史認識の共有がなかったことについてはすでに述べたとおりです。

韓国は、一九六四〜七三年まで、米国の要請に応じ、南ベトナム（当時）に、延べ三二万人を派兵しました。まず医療部隊の派遣から始まり、その後、戦闘部隊を派兵し、六五年の日韓請求権協定以降は次第に増派されて、その規模は米兵に次いで大きくなりました。つまり、日韓請求権協定は米国の圧力のもとに、韓国側が、日本の植民地支配の清算の問題を追及しきることなく、不本意ながら応じたものなのです。日本側からすれば値切ったのです。

朴正煕政権としては、当時、国力に於いて北朝鮮に劣っているとされた関係を逆転させるために、請求権協定による日本からの即物的な支給は、のどから手が出るほど欲しいものでした。

須之部量三元外務省事務次官は、退官後ですが、日韓請求権協定について「(これらの賠償は)日本経済が本当に復興する以前のことで、どうしても日本の負担を「値切る」ことに重点がかかっていた」のであって、「条約的、法的には確かに済んだけれども何か釈然としない不満が残ってしまう」と率直に語っています(『外交フォーラム』一九九二年二月号)。

植民地支配の清算のような歴史問題の解決には、加害者が加害の事実と責任を認め、被害者に謝罪することが不可欠です。しかし、日韓請求権協定ではそれが一切ありませんでした。

一九六五年一一月一九日、当時の椎名悦三郎外務大臣は、参議院本会議で、協定による無償三億ドルは賠償ではなく「独立祝い金」だと答弁しております。これが日本政府のいう一九六五年の日韓請求権協定における「国家間の合意」であったのです。

なお、植民地支配は、当時の国際法下では合法であったとする言説ですが、この見解は、当時の国際法は植民地支配の宗主国によって作られたものであり、そこでは、植民地支配下に置かれた民衆の声などは全く無視されていたことに目をつむっています。今日、たとえば奴隷制について当時の国際法では合法であったという言い方が通用するでしょうか。

†日本の日韓条約反対運動にも欠落していたもの

日韓基本条約・請求権協定については、一九六五年当時、日韓両国で激しい反対運動がありました。一九六五年六月二二日、日韓基本条約・請求権協定が調印され、同年八月一四日、朴政権は、全野党議員辞職の中で強行採決しました。日本でも、一一月一二日、佐藤政権は、衆議院で強行採決し、一二月一一日、参議院でも強行採決しました。そして、一二月一八日、日韓両国は批准書を交換したのです。筆者は当時大学二年生で、この反対運動に参加していました。

韓国での反対運動については、当時、正確には理解していませんでしたが、合意されようとしている日韓基本条約・請求権協定は単なる「経済協力」であって、植民地支配の清算が欠落しており、不十分なものであるといったところにあったと思います。

日本側の反対運動の理由とするところは、今、日本が韓国とだけ国交正常化することは、南北の分断を固定化することになり、南の朴正熙軍事独裁政権を支えることになるから反対だというものでした。日韓基本条約第三条は、韓国を「朝鮮にある唯一の合法的な政府」であることを確認しています。なお、この条項は一九九一年に韓国、朝鮮民主主義人民共和国の国連同時加盟によって事実上失効しております。

怒りと抗議の人津波
「日韓」衆議院を通過
機動隊員二千人にはさまれてデモ行進する学生たち（東京・赤坂見付で）

「機動隊員二千人にはさまれてデモ行進する学生たち（東京赤坂見付で）」（「アサヒグラフ」1965年11月26日号より）。11月12日のデモの記事。朝日新聞社提供

今日から振り返ってみて、不思議に思うのですが、日本側の反対運動には一部の識者は別として運動総体では植民地支配の清算という問題意識が欠落していました。韓国側の反対運動によって、日本国内の意識が覚醒されるということもありませんでした。

当時の反対運動の質を示す例として、よく言われるのですが（筆者自身が直接見たわけではありません）、「朴にやるなら僕にくれ」と書かれたプラカードを持った参加者がいたということです。当時、日本経済は不況下にありました。

このように六五年当時、日本側の反対運動に植民地支配の清算の問題意識が欠けていたのですから、後に問題となる、いわゆる元慰安婦問題、元徴用工問題など全く論じられていませんでした。

日本側の運動に戦争責任、植民地支配の問題が意識されるようになったのは、一九六八年の金嬉老事件を経て、「華青闘」の突き上げがあった一九七〇年代に入ってからです。

一九六八年二月、在日韓国人二世の金嬉老が暴力団員二名を射殺し、静岡県寸又峡《すまたきよう》の旅館に人質を取って籠城した事件がありました。ライフル銃を片手にした金嬉老が警察の取調べ等における朝鮮人差別を訴えたことから、事件は、殺人事件から、差別告発へと転換し、逮捕後の裁判でも、金嬉老の訴えに一定の理解を寄せた弁護士らによって大型の弁護団が編成され、文学者をはじめ、多くの市民たちによって金嬉老支援体制が組まれました。

一九七〇年になると、日本政府が従来の出入国管理令に代わって新たに出入国管理法を制定しようとしたことに反対する在日華僑の青年たちによって結成された華僑青年闘争委員会（華青闘）が、日本の運動団体とも共闘を進めていました。

一九七〇年七月七日、日中戦争の契機となった盧溝橋事件三三周年集会において、華青闘の代表は、日本の運動も日本の戦争責任、植民地支配について無自覚であると厳しく批判しました。「七・七華青闘告発」といわれるものです。

元慰安婦問題が論じられるようになったのは、「七・七華青闘告発」よりもっと遅く、一九九〇年代に入って、元慰安婦であった韓国人女性が名乗りを上げ、賠償請求をなすようになってからです。

†「八項目要求」中に、元徴用工問題も入っていた?

日本政府が、請求権協定による無償三億ドルについて、植民地支配の清算の意味はない「独立祝金」（椎名外務大臣答弁）としていたのはすでに述べたとおりですが、最近になって、日本政府は、請求権協定の交渉過程で韓国側が提出した「八項目要求」の中に、元徴用工問題が入っていた、したがって元徴用工問題も請求権協定で解決済みと主張し始めました。

確かに、一九六一年一二月一五日、第六次日韓会談予備会議で韓国側が提出した八項目にわたる補償請求合計一二億二〇〇〇万ドルの内訳として、「他国民を強制的に動員することによって負わせた被徴用者の精神的、肉体的苦痛に対する補償」として三億六四〇〇万ドル（全体の約三〇パーセント）が計上されていました。

また、二〇〇五年、盧武鉉政権が作った韓国の官民共同委員会は、請求権協定当時、政府が受領した無償資金のうち相当額を強制動員被害者の救済に使用しなければならない「道義的責任」があったとしたうえで、一九七五年の請求権補償法などによる補償は道義的次元から見るとき不十分であったと評価しております。更に、一九六一年五月の交渉で、日本側代表が、「個人に支払ってほしいということか」と尋ねたところ、韓国側が「国として請求し、国内での支払いは、国内措置として必要な範囲でとる」と答えたとの記録もあるとのことです。

これらの「事実」だけを取り出してみますと、日本政府の、元徴用工問題は請求権協定で解決済みというのも根拠があるのかなとも思われます。しかし、これは盧武鉉政権が、日本政府が応じないので、韓国政府として、ささやかであるが強制労働の被害者たる元徴用工に対して手当をしようとしたものであり、そのことを以て六五年請求権協定での解決の中に元徴用工問題も入っていたとは言えません。

大法院判決が、「請求権協定の交渉過程で、日本政府は植民地支配の不法性を認めないまま、強制動員被害の法的賠償を徹底的に否認し、これに伴い韓日両国の政府は日帝の朝鮮支配の性格に関して合意を得ることが出来なかった」と指摘しているように、日韓基本条約・請求権協定交渉では、日本政府側は一貫して、植民地支配は合法であったと主張し、植民地支配の清算の必要性を認めなかったのですから、植民地支配の清算そのものである元徴用工問題について解決済みとするのは無理があります。前記「国として請求し、国内での支払いは、国内措置として必要な範囲でとる」と言った韓国側の発言についても同様です。

しかも、これも大法院判決が指摘するところですが、無償三億ドルは、韓国側が提出した八項目一つ一つについて、数字を積み上げたものでなく、日本政府が一貫して元徴用工に対する賠償を否定する中で、一二億ドルの要求を三億ドルに値切り、政治決着させたものです。なお、以上のような経緯もあるものですから、六五年請求権協定以降、韓国政府としては、日本政府に対して元徴用工に対する賠償請求はしていません。

今回の大法院判決は、元徴用工・遺族が日本の企業に対して賠償請求を為したことに対する判決ですので、この判決について行政府たる韓国政府が、司法部たる大法院に対して、あれこれ指図することは、三権分立の原則からして許されません。

安倍政権は、大法院の判決に対して、文在寅政権が、介入しないことについて、無策だと批判していますが、これは、近代の統治形態における三権分立を全く理解していないものです。安倍政権は、日本では、政権が司法をコントロールしているのに、なぜ韓国ではそれが出来ないのかといらだっているように思えます。

†個人の請求権は放棄されていない

次に、大法院判決が指摘するように、国家の請求権と個人の請求権は別であり、六五年請求権協定第二条で放棄されたのは、国家の外交保護権であり、個人の請求権は放棄されていません。

一九九一年八月二七日、衆院予算委員会で柳井俊二外務省条約局長（当時）は、清水澄子議員の質問に対し、日韓請求権協定の「両国間の請求権の問題は完全かつ最終的に解決した」の解釈について「これは日韓両国が国家として持っております外交保護権を相互に放棄したということでございます。したがいまして、いわゆる個人の請求権そのものを国内法的な意味で消滅させたというものではございません」と答弁しています。その前、同年三月二六日、参議院内閣委員会で、高島有終審議官が、シベリア抑留問題に関連して、「日ソ共同宣言」で、賠償は放棄したが、抑留された日本人の個人請求権は残っていると答弁しています。その後も、一九九二年二月二六日衆議院外交委員会での土井たか子議員の質問、三月九日の、衆議院予算委員会での伊東秀子議員の質問に対して、政府は同趣旨の答弁を繰り返していました。

二〇一八年一一月一四日、河野太郎外務大臣も衆議院外務委員会で、共産党の穀田恵二議員の質問に対して個人の請求権は消滅していないと答弁しています。

河野外務大臣の答弁は正確には、「個人請求権は消滅していないが、これに応ずる法律上の義務が消滅した」というものでした。分かりにくい答弁なのですので、少し詳しく説明したいと思います。

一九六五年六月二二日、日韓請求権協定が締結され、同年一二月一八日同協定の効力が発生する、前日の一二月一七日、国会は「財産権及び請求権に関する問題の解決並びに経済協力に関する日本国と大韓民国との間の協定第二条の実施に伴う大韓民国等の財産権に対する措置に関する法律」という長たらしい名前の法律を制定しました。

この法律は通称「法第一四四号」と呼ばれています。この法律は、「第二条の実施に伴う……」と述べていることからも明らかなように、請求権協定第一条で取り決めた以外の権利について「完全かつ最終的な解決」、すなわち日韓双方が互いに放棄した財産権・請求権に関するもので、請求権協定「第二条三の財産、権利及び利益に該当するものは、次項の規定の適用があるものを除き昭和四〇年六月二二日において消滅したものとする」としています。

分かり易く言えば、これらの放棄された権利は、昭和四〇（一九六五）年六月二二日、すなわち請求権協定締結の日に消滅しており、日本国内では行使できない、行使しても法的な保護は与えられないとするものです。

河野外務大臣の発言、「個人請求権は消滅していないが、これに応ずる法律上の義務が消滅した」というのはこういう意味です。この問題に関する初鹿明博議員の二〇一八年一一月九日付け質問主意書に対して、日本政府が「請求権に基づく請求に応ずべき法律上の義務が消滅している」と回答しているのも同趣旨です。

こうしてみると大法院判決の判決理由は、従来からの日本政府の見解、すなわち、日韓基本条約・請求権協定には植民地支配の清算的意味合いはない、放棄されたのは国家の外交保護権であって、個人の請求権は放棄されていない、そのものであることがよくわかります。

この点は、中国人強制連行・強制労働、二〇〇七年最高裁西松建設判決の趣旨と同様です。後に詳しく述べますが、日本の最高裁判決も、韓国大法院と同様、個人の請求権そのものは消滅していないとしていることを理解しておいて下さい。

もっとも、日本政府には、元々、植民地支配の清算という問題はないという見解でしたので、その意味では「解決済み」ということになるのかもしれませんが、しかし、後に詳しく説明しますが、植民地支配問題に言及した一九九八年の日韓共同宣言（金大中大統領・小渕恵三首相）、二〇〇二年の平壌宣言からしても、今日に於いてはもはや、歴史清算の問題として植民地支配の清算は不可避なのです。

ところで、無償三億ドル、当時のレートで金一〇八〇億円、請求権協定は、この一〇八〇億円相当の「日本国の生産物及び日本人の役務をこの協定の効力発生の日から一〇年の期間にわたって無償で供与する」（第一条）としています。

無償三億ドル、すなわち金一〇八〇億円が一括支給されたのでなく、一〇年分割、しかも「現物支給」でした。日本政府は、新日鉄などの国内企業からプラントを買い上げ、これを韓国に提供するなどしました。このように請求権協定は、日本の企業にとってプラスであり、一石二鳥でした。インドネシア、ベトナム、フィリピンなど、日本の東南アジア諸国に対する賠償は、すべてこのような現物賠償の形で行われ、日本の企業が再びアジアに進出して行く契機となったのです。

請求権協定の仕組みがこのようなものであったことについては日本社会で、あまり詳しくは語られていません。

†外交保護権の放棄論とは？

外交保護権の放棄論は、日本政府が、自国民の連合国に対する賠償請求権を放棄したことに対する自国民からの賠償請求を免れるために言いだした（編み出した）ものではないかと思います。

一九四五年八月一五日の敗戦により、日本は連合国の占領下に置かれました。そして、五二年四月二八日に発効したサンフランシスコ講和条約で、日本はようやく占領から解放され、独立を回復しました。

サンフランシスコ講和条約一四条は、日本は戦争賠償の義務がある、しかし、日本の経済状態はこの義務を履行するに十分でない、そこで、連合国及び連合国民の日本国に対する賠償請求権は放棄する、同時に、日本国、日本国民の連合国に対する賠償請求権も放棄する、としています。

「敗戦国たる日本国民の連合国に対する賠償請求権」というのはわかりにくいかもしれません。

戦勝国たる連合国にもまた、戦争の過程で国際法違反の行為があったのです。

例えば、原爆投下などは——米国は、その違法性を認めていませんが——その一例だと思います。その他にも、戦時中の敵国人であった日本人の資産の没収、その返還というような問題もありました。

サンフランシスコ講和条約は、連合国、連合国民と日本国、日本国民は、互いに請求権を放棄し、請求しないとしたのです。これが、戦争賠償の問題をめぐるサンフランシスコ講和条約体制といわれるものです。この仕組みが、後にいろいろと問題となります。

日本政府に対する日本国民からの戦争被害をめぐる賠償請求は、戦時中、カナダに有していた資産を凍結、没収された日本人が、戦後、サンフランシスコ講和条約第一四条によって、カナダ政府への賠償請求がなしえなくなったことから、日本国憲法二九条三項「私有財産は、正当な補償の下に、これを公共のために用いることが出来る」に基づき、個人の財産を公のため、すなわち日本国に対する連合国からの賠償請求免除のために使用したとして、日本国政府に賠償を求めたケースが最初です。

日本政府は、戦争の被害は甚大であり、国民が等しく負わなくてはならないと答弁し、判決もこれを認容しました。いわゆる「共同受忍論」です。

その後、原爆の被害者から、原爆投下は国際法に違反するものであるから、被爆者は、米国に対して損害賠償請求権を有する、ところが、サンフランシスコ講和条約によって日本政府は、この請求権を放棄してしまったとして、前記カナダの在外資産に関する場合と同趣旨の理由により、日本政府に対する賠償請求がなされました。

政府は、原爆の被害者に対してはさすがに、「共同受忍論」を主張することはできず、サンフランシスコ講和条約で放棄したのは、外交保護権であり、原爆被害者の米国への損害賠償請求権そのものを放棄したのではないから、憲法二九条三項による賠償義務を負わないと抗弁（弁明）しました。

裁判所は、原爆投下は国際法違反と認定したうえで、政府の抗弁を容れ、原爆被害者らからする日本政府に対する賠償請求を棄却しました。

このように、条約によって放棄したのは外交保護権の放棄であって、個人の請求権については放棄していないという日本政府の見解は、政府が自らの責任を免れるために言い出したものでした。

興味深いのは、韓国大法院判決における二人の判事による反対意見がそのことを指摘していることです。

六五年の日韓請求権協定に際しても、第二条で第一条の取り決め以外の日韓両国及び両国民の権利を互いに放棄していますので、原爆訴訟の場合と同じ問題が起こります。そこで、政府は、放棄したのは外交保護権であって、個人の請求権そのものは放棄していないとしたのです。その上で政府は、さらに放棄されていない個人の請求権に基づく訴訟を封ずるために法律第一四四号を制定したことは前述したとおりです。

†日本の最高裁も個人の請求権は失われていないという見解

後に詳しく述べますが、二〇〇七年四月二七日、西松建設中国人強制労働事件最高裁第二小法廷判決は、「前記事実関係にかんがみて本件被害者らの被った精神的・肉体的な苦痛は極めて大きなものであったと認められる」と述べながらも、受難者らの請求権は、一九七二年九月二九日の「日中共同声明」第五項に「中華人民共和国政府は、中日両国国民の友好のために、日本国に対する戦争賠償の請求を放棄することを宣言する」とあることから、「日中戦争の遂行中に生じた中華人民共和国、国民の日本国又はその国民若しくは法人に対する請求権は、日中共同声明五項によって、裁判上訴求する機能を失ったというべきであり、そのような請求権に基づく裁判上の請求に対し、同項に基づく請求権放棄の抗弁が主張されたときは、当該請求は棄却を免れない」と述べています。

判例用語でやや難解かもしれませんが、日中共同声明第五項の戦争賠償請求権放棄は、それが主張された場合には、もはや裁判上訴える権利はなくなっているとしています。しかし権利そのものは失われたわけではないともしているのです。これは、六五年請求権協定で、放棄されたのは外交保護権であり、個人の権利は放棄されていないとする大法院の見解（それは従来からの日本政府の見解でもあるのですが）と同じものです。大法院判決における二人の大法官の反対意見も本件被害者の権利そのものが消滅したわけではないとしている点において、日本の最高裁の判決に近いと言えましょう。

前述最高裁判決は、権利そのものは失われていないと考えたからこそ、判決主文に於いては、強制労働受難者・遺族からの請求を棄却しながらも、「被害の重大性を考えると、当事者間の自発的解決が望ましい」と、判決末尾に「付言」を書き加えたのです（一二六頁参照）。

†条約、協定で個人の請求権を消滅させることが出来るのか

二〇〇〇年一一月二九日の「中国人強制連行・強制労働花岡事件の和解」を成立させた元東京高裁裁判長・新村正人氏（退官後、弁護士）は、雑誌『世界』（二〇一九年二月号）の論稿「戦後補償管見　記憶の承継と和解をめぐって」において、以下のように語っておられます。

今回の大法院判決をあたかも暴挙であるかのごとく言い立てて非難するのは慎むべきではないか、請求権協定で放棄したのは外交保護権であり、個人の損害賠償請求権は消

滅していないとして、この判決の論理運びを支持するかの論調も、我が国の一部の識者から示されており、そもそも日本政府は個人の請求権は消滅していないという立場を維持し続けていたはずである。

国家間の条約、協定で個人の請求権を一方的に消滅させ、裁判上請求することが出来ないとするのが自明の理なのか、この辺りの基本に立ち返って考えるべきではないかと思われる。

被害事実が認められ、被害者個人に対する権利侵害があって救済の必要があると認められるが、大きな壁があるという場合、裁判官としては、壁より先に進めないとして請求を認めないという安易な決着に走ることはあり得るが、壁を突き破るための理論構成を組み立てる、あるいは壁があるのはやむを得ないとしつつ、これを迂回して他の解決方法を探る等の選択肢も考えられるところであって、花岡の和解は後者、韓国大法院判決は前者の道を取ったといえよう。

条約がどうであれ、法律がどうであれ、被害の事実が厳然として存在し、それに対する手当てがまったくなされていないのですから、被害者に対する何らかの「手当」がなされるべきであることは、当然ではないでしょうか。

後述しますが、被害者に対する賠償を命じたある裁判官は、判決文の末尾に「賠償は条理に適う」と書きました。

第2章　植民地支配の実態に向き合う

†韓国併合の歴史

日韓基本条約で「もはや無効」とされた一九一〇年八月二二日以前に大日本帝国と大韓帝国との間で締結された条約、及び協定とは、以下のようなものです。

一九〇四年　日韓議定書、第一次日韓協約
日露戦争の開始に際し、韓国が中立宣言をしたにもかかわらず、日本は韓国を軍事占領し、顧問政治を始める。

一九〇五年　第二次日韓協約
日露戦争に「勝利」した日本が韓国を保護国化し、韓国の内政、外交権を奪う。統監を置き、初代統監に伊藤博文が就任。

この流れに抗し、一九〇七年六月、韓国国王高宗は、ロシア皇帝の主催によりオランダのハーグで開かれていた第二回万国平和会議に三名の密使を送り、

① 一切の政治が日本人の独断専行によって行われ、
② 日本は陸海軍の力で朝鮮を圧迫、
③ 朝鮮の一切の法律、風俗を破壊している

と訴えました。所謂、「ハーグ密使事件」です。この訴えは、列強が無視し、失敗に終わり、高宗は退位させられました。

ロシアは、ポーツマス条約により、日本の韓国支配を認めていましたし、米国も、既に日露戦争の終盤近い一九〇五年七月二九日、日本の桂太郎首相と米陸軍長官タフト（後に大統領）との間で、日本は、米国が植民地とするフィリピンに野心がないことを表明し、米国は、朝鮮における日本の指導的役割を認める、という桂・タフト協定が結ばれていたのです。

一九〇七年　第三次日韓協約
　韓国国王高宗を退位させ、韓国軍を解散させる。

この流れを見れば、併合に至るまでの三次に亘る日韓協約が韓国の意向を無視して、武断的になされたものであるかを物語っています。日本芸術院会員で『高村光太郎の戦後』

など、数々の著作のある詩人の中村稔氏はこのことについて、

「息をのむようなわが日本政府の朝鮮・韓国への暴虐である」（『私の日韓歴史認識』青土社）

と書いています。

このような日本の対韓政策に対して、一九〇七年には朝鮮民衆による（日本に抵抗する）義兵闘争が活発になり、以後日本の敗戦に至るまでずっと続きます。

乙未《いつび》事変というのもありました。日清戦争直後の一八九五年一〇月八日、韓国国王高宗の王妃閔妃《みんび》が親露派の中心人物であるとして、駐韓国日本公使三浦梧楼（後に学習院院長）らが、日本軍守備隊、領事館警察　壮士らを王宮に乱入させて殺してしまった事件です。ソウル領事内田定槌は、西園寺公望外務大臣宛に、機密の報告書を送り、その末尾に以下のように書いたといいます。

「今回計らずも意外の辺りに意外の事を企つる者、之れ有り。独り壮士輩のみならず、数多の良民、及び安寧秩序を維持すべき任務を要する当領事館員、及び守備隊迄を煽動して、歴史上古今未曾有の凶悪行うに至りたるは、我帝国の為に残念至極なる次第に候」（金文子『朝鮮王妃殺害と日本人』）

閔妃殺害、韓国では誰もが知っている日本の蛮行なのです。一九〇九年一〇月二六日、

中国のハルビン駅頭で伊藤博文を射殺した安重根も伊藤の罪状一五の筆頭に閔妃殺害を挙げています。

秀吉の朝鮮侵略が近・現代史である韓国ですから、乙未《いつび》事変は、韓国民衆にとって現代史そのものなのです。ところが日本社会ではこのことがほとんど知られていないのです。ここにこそ問題があります。

想像力を働かせてみてください。もし、米国大使が、米軍、CIAなどを動員して首相官邸、あるいは皇居に乱入させ、首相や、天皇を殺してしまうという事態が生じたとしたら、日本社会はどんな反応を示すでしょうか。日本の植民地支配の前段としてこのようなむき出しの暴力の行使があったのです。

中村稔氏は、このことについても、

「いったい、わが国の公使の指示によって異国の王宮に侵入、王妃を殺害するなど言う常軌を逸した暴力行為について、私たち日本人は朝鮮の人々にいかなる償いができるのか。私たちにはいかなる弁解の余地もない。

閔妃がロシアと手を結ぼうとしていたかどうかは問題ではない。こうした無法無謀な行為をした私たちの祖父たちについて私たちは責任を負わなければならない」(前掲書)

と書き、さらに、本件後、下手人として、朝鮮人三名が処刑され、三浦梧楼以下の日本側関係者は、裁判に掛けられたものの、全員が無罪とされたことについて、「また、彼らを免訴としたわが国の裁判官たちの行為は破廉恥であるばかりか、わが国の裁判の公正さに強い疑問を抱かせるもので、私たちは、こうした行為についても恥じなければならない」とも書いています。中村氏は弁護士でもあります。

作家の角田房子氏は、韓国人であれば、閔妃殺害は日本人にとっての「忠臣蔵」のようなもの、と、言われて驚き、この事件を調査し、『閔妃暗殺』（一九八八年）を書きました。

徴用工判決を巡って日韓関係が最悪になった中で、江戸時代の日韓交流の証であった朝鮮通信使について、議会で、「凶悪者犯罪集団」などと発言するような地方議員（二〇一九年九月一九日付け朝日新聞）さえ現れ始めました。北方諸島の帰属に関連して「戦争しなければ、取り戻せない」と公言するような国会議員もいましたね。恐ろしい、歴史の無知です。

そして、一九一〇年　韓国併合条約です。朝鮮総督府を設置し、憲兵・警察統治を始めました。

「日韓併合ニ関スル条約」は、以下のような文面になっています。

第一条　韓国皇帝陛下ハ韓国全部ニ関スル一切ノ統治権ヲ完全且ツ永久ニ日本国皇帝陛下ニ譲与ス

第二条　日本国皇帝陛下ハ前条ニ掲ゲタル譲与ヲ受諾シ、且ツ全然韓国ヲ日本帝国ニ併合スルコトヲ承諾ス

なんと高圧的な文面でしょうか。中村稔氏は「私たちの祖先たちが強制した日韓併合条約を読むと暗然たる思いをつよくする。韓国皇帝が併合を申し出るという形式を採らせたことも、朝鮮・韓国の人々に対する侮辱以外のなにものでもない。……日韓併合条約は形式も内容も実に破廉恥極まるものであった。」と書いております。

この条約は、二代目統監寺内正毅（陸軍大臣兼任）と韓国の李完用首相との間で締結されましたが、時の韓国皇帝純宗は詔書に署名しておらず、その意味でも条約は成立していません。

そもそも、一九〇五年に日本は韓国に統監を置き、韓国の内政・外交権を奪っているのですから、李完用首相には、そのような条約を締結する権限はありませんでした。

この点につき、和田春樹東大名誉教授は、「寺内と李完用の二人は併合条約二通、日本語版とハングル版に署名した。寺内は「統監子爵寺内正毅」と署名し、李は、「内閣総理大臣李完用」と署名した。条約文はどちらも統監府の側で用意したものであった。結局のところ、併合条約の調印とは、対等な条約を結ぶ資格を持たない者同士、支配国の代表者とその指揮監督を受ける被支配国の役人が演じた条約調印の演劇、芝居であった」（『韓国

併合一〇〇年後の真実』岩波ブックレット）と分かり易く解説しております。

寺内は、一九一〇年一〇月一日、陸軍大臣兼任のまま、初代朝鮮総督に就任します。

「小早川　小西　加藤が　世にあらば　今宵の月を　いかにみるらむ」

彼が酒宴で詠んだ歌だそうです（和田春樹前掲書）。思わず、絶句してしまいます。豊臣秀吉の朝鮮侵略の延長なのです。長州閥の寺内は、幕末の長州のイデオローグ吉田松陰の唱えた「国力を養ひ、取り易き朝鮮・満洲・支那を切り随へ、交易にて墨・魯国に失ふ所は又土地にて鮮満にて償ふべし」（安政二年四月二四日付け書簡）、すなわち、米国、ロシアとの交易（不平等条約）で失った分は、国力を増強させ、朝鮮・満洲・清国をも「切り随へ」土地の拡大によって取り戻すべきだとする教えを実践していると思っていたかもしれません。松陰の手紙に対し、「それでは間違いが起こる」と諭したのが松陰の師佐久間象山でした。韓国のソウル郊外にある独立記念館に行きますと、征韓論の西郷隆盛と共に吉田松陰が朝鮮侵略の元凶として展示されています。この様に日本と韓国では吉田松陰の評価が全く異なるのです。この違いを知らなければなりません。

日韓基本条約締結交渉の中で、韓国側が、韓国併合条約は当初から無効だということに固執したのも無理はありません。

†植民地支配はよいことをした?

日本社会には、韓国に対する植民地支配は韓国人のためにもよかったのだ、というような見解もあります。

植民地支配は経済的な収奪のみでなく、文化の破壊を伴います。

日本は、明治以降、沖縄・アイヌモシリ（北海道）で内国植民地を経営し、経済的な収奪と並んで、沖縄、アイヌの文化を破壊し、言語を否定し、それを韓国にも持ち込みました。皇民化政策（内鮮一体化）の一環として韓国人の名前を日本風にすることを求め、一九四〇（昭和一五）年二月、朝鮮総督府制令「朝鮮民事令中改正の件」、「朝鮮人ノ氏名ニ関スル件」を施行し、強制的にでも変えさせようとしました。創氏改名です。祖先に対する想いの強い韓国社会は、この創氏改名を、当時も今も、許しがたいと思っています。屈辱だとも思っています。韓国では一九四六年一〇月に朝鮮姓名復旧令が出され、それ以後日本植民地時代の創氏改名を使っている人は一人もいません。

後述する一九一九年の三・一独立運動の直後には、天皇は、「朕夙ニ朝鮮ノ康寧ヲ以テ念ト為シ、其ノ民衆ヲ愛撫スルコト一視同仁、朕ガ臣民トシテ秋毫ノ差異アルコトナク」と詔書を出しました。こうして「皇民化」政策が推し進められ、戦争中には、小学校で、

「私共ハ大日本帝国臣民デアリマス。私共ハ心ヲ合ワセテ天皇陛下ニ忠義ヲ尽クシマス」と「皇国臣民の誓詞」が朗読させられました。

併合後の一九一二年に発令された「土地調査令」は朝鮮人の土地をうわばみのように呑み込んでいった狡猾な法令でした。このやり方は、既にアイヌモシリ（北海道）で実施済みでした。土地調査令によって「無主地」とされた土地は総督府が取得し、移入して来た日本人に与えられました。土地を奪われた大量の朝鮮人が流民となり、やがて日本本土に流れ込んで行くのです。これが「徴用工」の起源となるものでした。

朝鮮人の土地を奪うに際して「活躍」したのが、併合の直前の一九〇八年、時の首相桂太郎によって設立された国策会社、東洋拓殖会社でした。こうして後に、カイロ宣言にいう「朝鮮人民の奴隷状態」が形成されていったのです。

朝鮮でのこの手法は、やがて中国の満州（東北部）に拡大されて行きました。

このような植民地支配の実態から目をそむけてはいけません。韓国併合に際し、石川啄木は、「地図の上朝鮮国に黒々と墨をぬりつつ秋風を聞く」と詠み、日本国家を鋭く批判しました。

韓国大法院判決を街頭演説で「暴挙」と激しく批判し、韓国大統領府から「最近、一連の日本の政治的な行動は非常に不満足で、遺憾だと申し上げなければならない」（二〇一八年一一月七日付け朝日新聞夕刊）と批判された河野太郎外務大臣は、前述（三三頁）柳井外務省条約局長（当時）の答弁を理解していません。否、政府は、これまでの政府見解を国民に明らかにせず、ただひたすらに「国家間の合意に反する」ということだけを語り、韓国政府批判に終始しています。

二〇一九年七月一九日、韓国元徴用工問題に関して、駐日韓国大使を呼びだした河野外務大臣は、南官杓大使が、徴用工問題は日韓の企業が資金を出し合って基金を創り、解決するという韓国政府の見解を説明しようとしたところ、「提案は受け入れられない」と遮り、そのことはすでに伝えてあるにもかかわらず、「知らないふりをして新たに提案するのは無礼だ」と声を荒げたといいます（二〇一九年七月二〇日付け朝日新聞）。なんと傲慢な態度でしょうか。

後述するように、筆者は元徴用工問題の解決方法としては、基金方式こそ現実的だと思いますが、仮に日本政府としてそれを受け入れられないにしても、韓国政府が重ねて説明しようとするのに対し、声を荒げてそれを遮り、無礼だと難詰するのは外交儀礼に反します。

「河野外相が見せた態度こそ無礼だ」と、韓国外務省が反発したのは当然と言えるでしょう。

二〇一九年七月、日本政府は韓国への半導体素材輸出の規制を強化しました。その後、優遇国としてのホワイト国リストからも外しました。これは、これまで日本政府が植民地支配等の歴史問題について見解の相違としていわば消極的に対処してきた政策を一変し、積極的に攻撃に出たことを意味します。

韓国社会が、歴史問題に対する新たな挑発と受け止め、日韓関係はさらに悪化しました。そして、韓国政府によるGSOMIA（日韓軍事情報包括保護協定）の破棄通告（その後撤回を留保）等、日韓関係の悪化は留まることを知らないようです。韓国からの旅行者も激減しています。

メディアに於ける韓国叩き、とりわけテレビのワイドショーは酷いものです。雑誌も嫌韓を煽っています。『国家の品格』（新潮新書）の著者・藤原正彦氏は『文藝春秋』二〇一九年一〇月号「総力特集日韓断絶」で「日本と韓国『国家の品格』」と題し以下のように書いています。

「韓国の歴代政権は窮地に立つと、日本に難題をぶつけ、国民の喝采を受けることで、求心力を取り戻す、というのが常套手段となり、繰り返されてきました。その日本が、この局面になってやっと〝いい子〟でいることを止めたのです。（略）韓国はその国家間の約束を破るという国際法上、あってはならない行動をとりました。それに対してしかるべき制裁を科すのは当然の対応です」

彼はさらに次のようにも書いています。

「これからの日本には「benign neglect（ビナイン・ネグレクト）」の姿勢が求められます。日本語に訳すと「慇懃なる無視」という意味です。（略）韓国国内では大規模な反日デモや日本製品不買運動が行われています。しかし日本国内に目を転じると、韓国製品の不買運動も、反韓デモもまったく見られません。この国家としての品格の差が、今、世界から見ると際立っているのです」

一八八五年「我は心に於て、亜細亜東方の悪友を謝絶するものなり」とした福沢諭吉の脱亜論から全く抜け出ていない、上から目線のなんと傲慢な態度でしょうか。日本社会でも一部の人たちですが、韓国や在日韓国人らを標的にしたヘイトデモが横行しています。書店には韓国や中国を標的にしたヘイト本が平積みとなっています。藤原氏の文章が発表された年の一二月に川崎市ではヘイトスピーチを罰則付きで禁止する差別禁止条例を制定するに至っています。藤原氏はこれらの事実を知らなかったのでしょうか。このような人が云々する国家の品格など要りません。

筆者が、毎月第一土曜日に読むのを楽しみにしている毎日新聞・伊藤智永記者のコラム「時の在りか」二〇一九年六月一日付けは、「完全かつ最終的な迷い道」というタイトルで、この問題について以下のように書いています。

「韓国は、どうにもならんですなあ。国と、国との約束は守らない。何度も昔のことを蒸し返す。相手にしないに限りますよ」

居酒屋でも、国会でも、分別盛りの大人たちが憤慨している。今月下旬の主要20カ国・地域首脳会議でも、日韓首脳会談は開催が危うい。

徴用工訴訟で、日本企業に賠償を命じた韓国最高裁判決は、日韓請求権協定の「請求権に関する問題が、完全かつ最終的に解決された」という取り決めを破ったといういらだちだが、確認を交わしたのは、完全かつ最終的な解決は難しいとおそれたからに他ならない。（中略）

日韓基本条約締結は法理を超える政治決断の典型だった。韓国併合（1910年）を、違法、不正な植民地支配とみなす韓国と、合法・正当と譲らない日本の対立を覆い隠し

た「合意なき妥協」では、土台から「完全かつ最終的な解決に」程遠い。（中略）

最後の交渉が始まった頃、訪欧した朴大統領に対し、日本の依頼で、西ドイツ大統領が独仏和解の経験を語り、日韓和解を促したところ、朴大統領は答えたそうだ。「独仏は殴ったり、殴られたりした間柄だが、韓国は日本に殴られっぱなしだから難しい」（中略）

日韓「65年体制」は冷戦と軍事政権のお蔭でぼろを出さずに来たが、人権外交が発達し、個人が国家の殻を破って権利を主張し出すにつれ、ほころびだした。

韓国のワガママとは言えまい。（後略）

前述した韓国併合に至る歴史について想像力を働かせるならば、朴大統領のいう「殴られっぱなし」ということが理解できる、のではないでしょうか。

歴史問題の解決のためには被害者の寛容が必要ですが、そのためには加害者が歴史に真摯に向き合うという慎みと節度が不可欠です。かつては、このように考える外務官僚もいなかったわけではありません。

須之部量三元外務省事務次官が、日韓請求権協定について「日本の負担を「値切る」ことに重点がかかっていた」のであって、「条約的、法的には確かに済んだけれども何か釈然としない不満が残ってしまう」と述べているのは前述したところです。

その他にも、栗山尚一元駐米大使は、「和解――日本外交の課題　反省を行動で示す努力を」（『外交フォーラム』二〇〇六年一月号）で、

「……国家が過ちを犯しやすい人間の産物である以上、歴史に暗い部分があるのは当然であり、恥ずべきことではないからである。むしろ、過去の過ちを過ちとして認めることは、その国の道義的立場を強くする。（中略）
このような条約その他の文書（サンフランシスコ講和条約、日中共同声明、日韓請求権協定等―筆者注）は、戦争や植民地支配といった不正常な状態に終止符を打ち、正常な国家関係を樹立するためには欠かせない過程であるが、それだけでは和解は達成されない。（中略）
加害者と被害者との間の和解には、世代を超えた双方の勇気と努力を必要とする。それは加害者にとっては、過去と正面から向き合う勇気と反省を忘れない努力を意味し、被害者にとっては、過去の歴史と現在を区別する勇気であり、そのうえで、相手を許して、受け入れる努力である」

と述べています。傾聴すべき見解です。

ただし、「過去の歴史と現在を区別する勇気」とは、わかりにくい表現です。それは、戦前の日本と、戦後の日本は違うことを理解してほしいということでしょうか。被害者に対して、私たちは変わったのだから、それを受け入れて寛容になってほしいと求めることだろうと思います。

しかし、戦前の日本と、戦後の日本が本当に変わったのかどうか、それは、本来被害者が判断すべきことであり、加害者が被害者に向かって、そのように判断する勇気を持てなどと迫る筋合いものではありません。

加害者としては、ひたすら、慎みと節度をもって歴史に向き合う以外にありません。そうすることによって、被害者からの寛容が得られるのだと思います。

評論家の保阪正康氏も、朝日新聞インタビュー（二〇一九年一〇月一〇日付け朝日新聞）に「抵抗国会か　翼賛国会かの岐路」と題し、

日本政府は1965年の日韓基本条約・請求権協定に基づき、元徴用工の補償問題は「完全かつ最終的に解決済み」との立場を取ってきた。韓国政府も同じ立場だったが、昨年10月に韓国大法院（最高裁）が覆した。これだけを見れば、安倍政権が言う「韓国

は約束を守らない」というのもその通りだと思う。

しかし、65年当時、韓国は軍事体制下にあり、東西冷戦のさなかだったため、条約や協定があいまいさを残していたことは否めない。

ここに目をつむったまま、日本政府が「私たちが正しい」と主張しているだけでは韓国政府と平行線のままだ。（中略）かつての自民党内にいた大物の保守政治家は、基本条約・請求権協定の約束は約束として、日本が韓国を植民地化した歴史を踏まえて、「韓国の言い分もわかるね」と政治的な落としどころを探した。

と述べています。

大法院判決をめぐって、国家間の合意に反すると、一斉に反発している日本社会の中で、冷静に問題の本質をとらえ、そして何よりも植民地支配の被害者の目線に立ち戻っての傾聴すべき見解ではないでしょうか。

なお、保阪氏は前記論稿の中で、「世間に広がる韓国への妙な感情の高揚は、昭和一〇年代の「中国をやっつけろ、中国を支援している米国をやっつけろ」という感情の流れに近いと言ってもいい。ナショナリズムが一度はびこると、その先に待ち構えるのは暴力の正当化だ」、「ファシズムという言葉はどこか仰々しく聞こえるが、簡単に言えば、行政府が立法府と司法部を下に置くことだ。それが行政独裁だ」と、警鐘を鳴らしています。

第2部

中国人強制連行・強制労働

中国人強制連行・強制労働の歴史から学ぶ

韓国大法院徴用工判決に対する反発の嵐の中で、作家の高村薫氏は、かなり早い段階で、以下のように書き、警鐘を鳴らしていました。

日本政府は、戦後賠償問題においても、正確な物言いをしていない。(中略)日本は首相も外務大臣も、1965年の日韓請求権協定により戦後賠償問題は両国間で最終的に解決済み、と声高に繰り返している。あたかも韓国の司法が国際法を無視していると言わんばかりだが、一方的な暴言は日本のほうではないだろうか。(中略)

2000年以降、強制連行された元中国人労働者たちが起こした裁判では、中国が日本に対する戦後賠償の請求権を放棄した日中共同声明に基づき、原告の訴えは棄却されたが、その一方で、個人の請求権は消滅していないという原則の下、被害者救済のために鹿島建設や西松建設と原告らの間で和解が進められた。

当時新聞が伝えた和解の内容をうっすら記憶している日本人として、今回の徴用工判決について日本側が鬼の首を取ったように国際法違反だの、断固たる措置だのと口を揃えていることに大きな違和感を覚える所以である。戦前の植民地支配を振り返れば、日本は人権が重視されるいまの時代にふさわしい和解の道を探る責務も負っている。かつて鹿島建設や西松建設にできたことが新日鉄にできないわけでもあるまい。

日本の政治家が戦後賠償問題は解決済みと豪語するのは日本に対する韓国国民の根深い「恨」の火に油を注ぐ浅慮だが、それ以上に、人間として恥ずかしいと私のささやかな良心が言っている。

(『サンデー毎日』二〇一九年二月三日号)

筆者は、多くの人々から、同じく強制連行・強制労働問題なのに、中国人の場合には、花岡和解(鹿島建設)、西松建設和解、三菱マテリアル和解、などがあり、韓国人と中国人の場合とで違いがあるのはなぜかという質問を受けました。

違法な奴隷労働という点では、両者間に本質的な違いはありません。ただ、期間とその数において大きな違いがあります。

中国人強制連行・強制労働は、一九四四年九月~翌四五年八月までの約一年間、被害者数約四万人ですが、朝鮮人の場合は、期間も長く、被害者の数も二十数万人~数十万人とはるかに多いのです。

さらに六五年の日韓基本条約・請求権協定と七二年の日中共同声明との違いがあります。この点については、後述します。これらの違いを見据えたうえで、なお、韓国人徴用工問題の解決を模索するに際し、中国人強制連行・強制労働の問題と和解によるその「部分的な解決」の成果を考えてみるのは、有益ではないかと思います。

†閣議決定「華人労務者内地移入に関する件」

日本は、一九三一年九月一八日、日本軍による中国奉天（現瀋陽）郊外の鉄道爆破の謀略（満州事変）を契機とし、一九三七年七月七日の北京郊外の盧溝橋事件を経て泥沼の日中「戦争」に陥り、ついに一九四一年一二月八日の真珠湾攻撃から日・米・英、豪、加、蘭、等とも戦端を開くに至りました。

このアジア・太平洋戦争が長期化する中で、日本国内では成年男子が次々と出征させられ、深刻な労働力不足を招来しました。

これに対処するため、政府は、まず当時、植民地であった朝鮮半島からの労働力の移入を計りました。その形態は初期には「募集」、「官斡旋」後には徴用令による労働でしたが、その実態は「タコ部屋」による強制労働と変わりはありませんでした。韓国大法院判決も奴隷状態であった強制労働の実態について言及しています。

悪化する戦況は、さらなる労働力を必要としました。

一九四二年一一月二七日、時の東條内閣は、中国大陸から中国人を日本国内に強制連行し、鉱山、ダム建設現場などで強制労働に就かせることを企て、「華人労務者内地移入に関する件」を閣議決定し、一九四四年二月二八日の次官会議を経て同年八月から、翌一九四五年五月までの間に三次にわたり三万八九三五人の中国人を日本に強制連行し、国内の鉱山、ダム建設現場など一三五事業場で強制労働させました。

この強制連行・強制労働は、形式的には「雇用契約」の体裁を採っていましたが、戦闘における捕虜、占領地における民間人の有無を言わせずの拉致等、強制連行・強制労働以外の何物でもなく、国際法違反は明々白々のものでした。

日本の敗戦に至るまでの約一年の間に、六八三〇人が亡くなりました。死亡率一七・五四パーセントです。

†「花岡事件」――一九四五年六月三〇日の「暴動」

強制連行された中国人のうち、九八六人が秋田県大館市郊外の花岡鉱山(銅)に在った

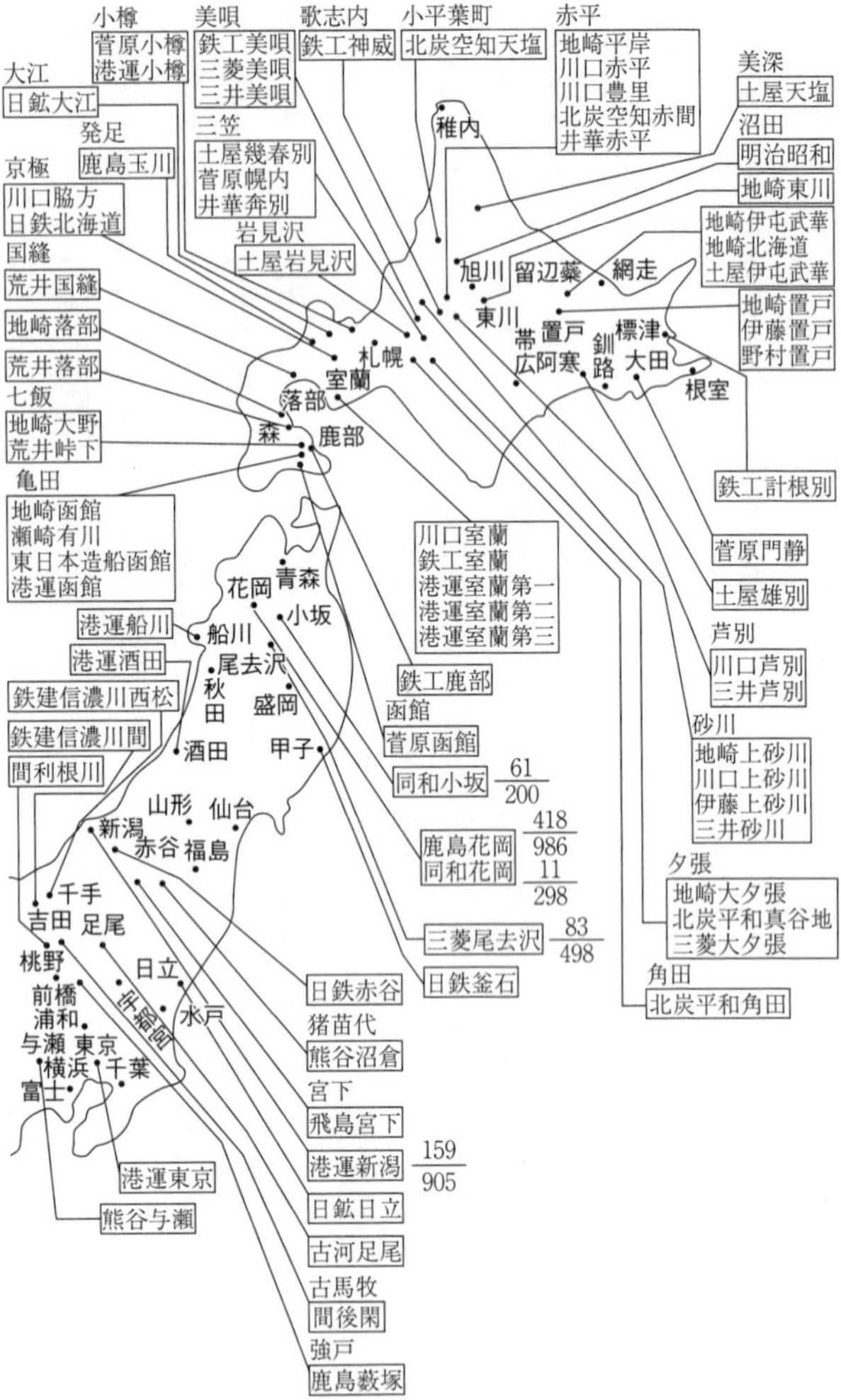
小樽
菅原小樽
港運小樽
美唄
鉄工美唄
三菱美唄
三井美唄
歌志内
鉄工神威
小平蘂町
北炭空知天塩
赤平
地崎平岸
川口赤平
川口豊里
北炭空知赤間
井華赤平
美深
土屋天塩
沼田
明治昭和
地崎東川
地崎伊屯武華
地崎北海道
土屋伊屯武華
地崎置戸
伊藤置戸
野村置戸
鉄工計根別
菅原門静
土屋雄別
芦別
川口芦別
三井芦別
砂川
地崎上砂川
川口上砂川
伊藤上砂川
三井砂川
夕張
地崎大夕張
北炭平和真谷地
三菱大夕張
角田
北炭平和角田
大江
日鉱大江
発足
鹿島玉川
京極
川口脇方
日鉄北海道
三笠
土屋幾春別
菅原幌内
井華奔別
岩見沢
土屋岩見沢
国縫
荒井国縫
地崎落部
荒井落部
七飯
地崎大野
荒井峠下
亀田
地崎函館
瀬崎有川
東日本造船函館
港運函館
川口室蘭
鉄工室蘭
港運室蘭第一
港運室蘭第二
港運室蘭第三
鉄工鹿部
函館
菅原函館
同和小坂
61/200
鹿島花岡
418/986
同和花岡
11/298
三菱尾去沢
83/498
日鉄釜石
港運船川
港運酒田
鉄建信濃川西松
鉄建信濃川間
間利根川
日鉄赤谷
猪苗代
熊谷沼倉
宮下
飛島宮下
港運新潟
159/905
日鉱日立
古河足尾
古馬牧
間後閑
強戸
鹿島藪塚
港運東京
熊谷与瀬
稚内
旭川
留辺蘂
網走
東川
帯広
置戸
阿寒
釧路
標津
大田
根室
札幌
室蘭
落部
森
鹿部
青森
花岡
小坂
船川
尾去沢
秋田
盛岡
酒田
甲子
山形
仙台
新潟
赤谷
福島
千手
吉田
足尾
桃野
前橋
日立
岸稲河
水戸
浦和
与瀬
東京
横浜
千葉
富士

約四万人の中国人が日本各地へ
そのうち約七千人が日本で死亡

中国人が強制労働させられた135事業場全国地図
（『資料中国人強制連行』明石書店等をもとにしました）

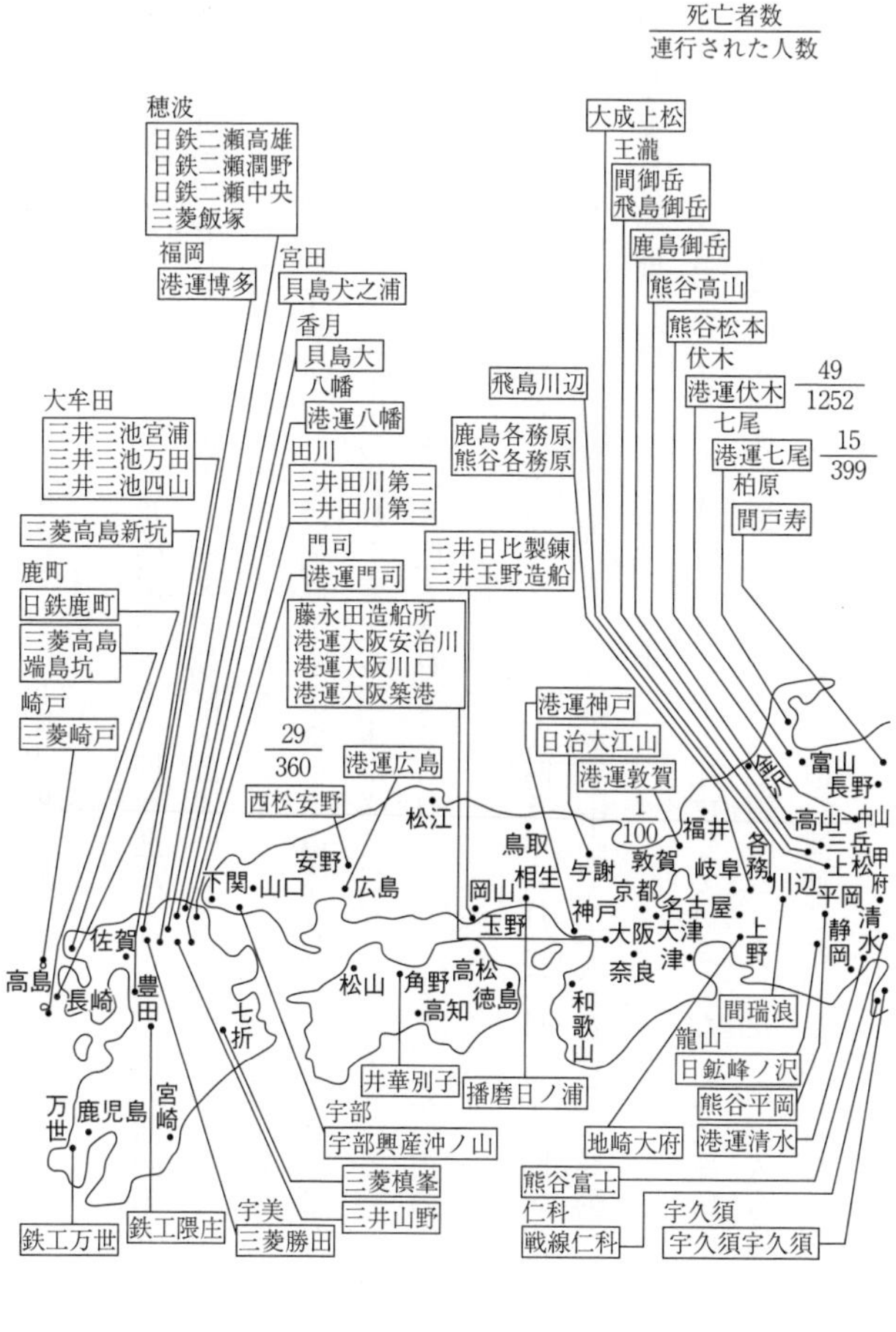

鹿島組（鹿島建設㈱の前身）花岡出張所に配置され、花岡川の改修工事などに従事させられました。

当時、増産の号令のもと、鉱山の地下を花岡川の下まで掘り進んだ結果、一九四四年五月二九日、七ツ館坑が落盤し、日本人鉱夫一一名、朝鮮人鉱夫一二名が生き埋めとなる事故が起こりました。朝鮮人鉱夫一名が救出されましたが、残る二二名については生存の応答があったにもかかわらず鉱区を守るために坑道が閉鎖され、遺体も収容されませんでした。さらに掘り進めるためには花岡川の流れを変える工事が必要になったのです。

彼らはろくな食事も与えられないまま、衣服も連れてこられた時のままで、寒い川の中で苛酷な労働を強いられ、次々と斃れて行きました。

このような奴隷労働に耐え切れなくなった彼らは、一九四五年六月三〇日夜半、四名の日本人指導員及び、日本人に内通し同胞を苦しめた食糧係の中国人一人を殺し、「暴動」を起こすにいたりました。世に言う「花岡事件」です。

この蜂起までに、すでに一三七名が、酷使、虐待の中で死亡していました。この絶望的な蜂起は、たちまち、憲兵隊、警察、地元警防団らによって鎮圧されました。中国人らは山中に逃げ込みましたが、結局、全員が逮捕されました。彼ら逮捕された中国人らには、さらに厳しい拷問が待ち受けていました。

この鎮圧、その後の拷問の中で一〇〇人以上の者が殺されました。結局、鹿島組花岡出張所では、強制連行されてから、日本の敗戦に至るまでの約一年の間に、連行された者の約半数に相当する四一八人が死亡しているのです。死亡率四二・三九パーセントであり、強制連行された中国人全体の死亡率一七・五四パーセント（この数字自体が高いですが）の二倍以上となっています。

†俘虜収容所長からの報告

暴動の原因について調査を命じられた当時の仙台俘虜収容所長から、情報局宛てに昭和二〇年七月二〇日付けでなされた「鹿島組華人労務者暴動状況ノ件」と題する報告書があります。故新美隆弁護士と筆者らが、米国の国立公文書館の資料調査で発見したものです。

同報告書は、「花岡暴動」の原因、動機として「元来十時間作業ナルモ六月二十日ヨリ縣下一斉突撃作業ト称シ二時間延長ヲナシ十二時間トシタルモ之ニ対スル食糧ノ加配ナシ」、「食糧逼迫シ配給量必ズシモ満腹感ヲ得ルニ足ラザルニ拘ラズ組幹部ハ主食ノ一部ヲ着服シアリシモノノ如シ」、「華人労務者ニ対シテ一般ノ購入ヲ禁ジアルタメ個人トシテノ所持金ノ必要ナシト称シ昨年ノ八月以降労銀ノ支払イヲナシアラズ」と記載されているように、労務加重、食糧不足、労賃の未払い、更に「華人ヲ取扱フコト牛馬ヲ取扱フ如クニ

勝倉　菅　横井　ES　村　官

FA2 俘虜処理関係綴より抜萃 (R32)

鹿島組華人労務者暴動状況ノ件

昭和二十年七月三十日

仙台俘虜収容所長

仙台俘虜収容所長之印

情報局 横井少佐殿

七月十四日付業務連絡ニ関スル首題ノ件左記通報ス

記

一、場所 秋田県北秋田郡花岡町 鹿島組中山寮

二、暴動人員 華人 約八〇〇名

三、月日 昭和二十年七月一日 二十二時三十分

四、原因動機

イ、労務過重

元来十時間作業ナルモ六月二十日ヨリ県下一斉突撃作業ト称シ二時間延長ヲナシ十二時間トナルモ之ニ対スル食糧ノ加配ナシ

俘虜情報局

俘虜情報局

2、食糧不足

食糧逼迫シ配給量少ナクシモ満腹感ヲ得ルニ足ラザルニ拘ハラズ組幹部ハ主食ノ一部ヲ着服シアリシモノ、如シ

3、労賃ノ未払

華人労務者ニ対シテ一般ノ購入ヲ禁ジアル為個人トシテノ所持金ノ必要ナシト称シ昨年八月以降労銀ノ支払ヲナシアラズ 即チ金ヲ第一ニ尊重スル華人ノ国民性ヲ無視シアリ

4、華人ヲ取扱フコト牛馬ヲ取扱フ如クニシテ作業中停止セバ撲タレ部隊行進中他ニ遅レ、バ撲レ被労者ノ生活ハ極少量ノ食糧ヲ与ヘラレ最大ノ要求ト撲ラルコトノミト言フモ過言ニアラズ

以上ノ四点ハ本事件ノ根本原因ニシテ之ガ打開策トシテ彼等ハ幹部

（註）ツト 此の後は書類綴に残って居ないので不明である

REPRODUCED AT THE NATIONAL ARCHIVES

仙台俘虜収容所長報告書

シテ作業中停止セバ撲タレ部隊行進中他ニ遅レレバ撲タレ彼等ノ生活ハ極少量ノ食糧ヲ与エラレ最大ノ要求ト撲ラレルコトノミト言フモ過言ニアラズ」と、鹿島組花岡出張所での強制労働がいかに苛酷なものであったかを如実に物語っています。

†秋田地方裁判所の判決

この「暴動」については、国防保安法、戦時騒擾殺人事件等で中国人大隊長・耿諄《コウジュン》氏ら一三名が起訴され、日本の敗戦後の一九四五年九月一一日、秋田地方裁判所で耿諄氏に対して無期懲役刑等、全員に対して有罪判決がなされました（その後、全員釈放）。同判決文も暴動の原因について、以下のように認定しています。


中国人労働者の中には、日本到着前より栄養不良に苦しむ者があった。それに加え、宿舎において配給された食糧はきりつめられ貧弱なものであった。

一九四五年六月二五日からは作業進捗のために労働時間を増加し、いわゆる「突撃期間」が強行された。その結果、相当数の者に下痢その他の症状がひろがり、多くの者が死亡するに至った。

指導員のうち何名かは卑劣で程度も低く、しばしば労働者を殴打した。彼らの労務管理の方法はきわめて貧弱なものであり、そのため被告人耿諄は大隊長としての責任を感じて、この状況を改善しようと努めた。彼はしばしば株式会社鹿島組花岡出張所及び管轄警察当局に対し、その改善方を要請したが、それらは徒労に終わり、その行為が指導員等の反感を招いて、彼は虐待された。

かくして、被告人耿諄は、中国人労働者をこの苦境より救済するには、寮長及び指導員等を殺害し、逃亡する以外の道はないと、決断するに至った。

さらに、被告人耿諄は、日本人指導員殺害の他に、賄い方任鳳岐を懲罰することも決意した。彼は食糧配給に際し、不公平な仕様をもって自らの同国人を苦しめていたのである。

秋田地裁判決が日本の敗戦後の九月になされたこと、戦時中の言論弾圧事件である「横浜事件」の判決も同じように同年九月であったこと、治安維持法により拘束されていた三木清の獄死も同じく九月であったこと等から明らかなように、ドイツの五月八日と異なり、日本の八月一五日は、敗戦を経ても、なお戦前と戦後の連続性が切断されなかったことを物語っています。

†シンプソン報告書と横浜ＢＣ級裁判

日本の敗戦によりこの「花岡事件」は連合国の知るところとなりました。花岡の地近くに連合国軍の捕虜収容所があり、そこを調査に訪れた米軍のシンプソン中尉が、たまたま近くにあった花岡の中国人収容施設中山寮を視察したところ、中国人の死体がそのままに放置され、衛生状態も劣悪な悲惨な光景が目撃されたのです。このことが契機となって、米軍による本格的調査がなされ、花岡での強制労働の実態、花岡暴動の事実が明るみに出されました。

この件につき、米第八軍による横浜ＢＣ級戦犯裁判で、当時の鹿島組花岡出張所長・河野正敏、中山寮長・伊勢知得、補導員・福田金五郎、同・清水正夫、大館警察署長・三浦太一郎ら八名が、戦争犯罪人として裁かれ（一九四七年一一月二六日開始）、一九四八年三月一日、補導員ら合計六名に対し絞首刑三名、無期二名、懲役二〇年一名の厳しい有罪判決が下されました（その後、絞首刑は無期に減刑されるなどし、結局一九五五年までには全員が釈放されました）。

横浜ＢＣ級戦犯裁判では、花岡現地関係者だけでなく、鹿島組責任者・鹿島守之介の責任を問う声もあり、同人も国際検事局に召喚され、厳しい取り調べを受けましたが結局起訴はされませんでした。

前述したように筆者らは、花岡事件の記録について、米国ワシントンの国立公文書館に調査に赴きましたが、その際、事件関係書が収められた段ボール箱の中に、横浜法廷宛てに寛大な処分を求める、黒々と墨で書かれた嘆願書が何枚も無造作に突っ込んであるのを見て驚きました。地元花岡町民らによって書かれたものです。

なお横浜BC級戦犯裁判では四年の歳月を費やし、撃墜された米爆撃機の搭乗員の殺害などの容疑で一〇三九人が裁かれ、最終的には五一人に対して絞首刑が執行されています。

†東京裁判（第二次）での戦犯訴追を免れた岸信介

一九四五年九月二日、東京湾上の米戦艦ミズリー号上での降伏文書調印から九日後の同月一一日、連合国総司令部（GHQ）は、東條英機元首相ら三九名（その後一一名追加）の戦犯容疑者の逮捕を命じました。

逮捕された戦犯容疑者の中に、開戦時東條内閣の商工大臣（のちに軍需次官も兼務）岸信介がいました。彼の戦犯容疑には、軍需次官としての中国人強制連行・強制労働がありました。

逮捕された戦犯容疑者らは国際検事局の厳しい取り調べを受け、翌四六年四月二九日

（裕仁天皇の誕生日）、東條英機ら二八名が、通例の戦争犯罪のほかに「平和に対する罪」等で起訴されました。岸信介はこの起訴からは外れましたが、連合国総司令部は、第二次起訴を考慮しており、その起訴予定者の中には岸信介も含まれていました。

一九四八年一一月四日と一二日、第一次起訴組に対する判決が下され、東條英機ら七名に対して絞首刑、全員有罪（途中死亡したり、精神に異常をきたした被告は除く）でした。同年月二三日（のちの明仁天皇の誕生日）、東條英機ら七名に対する絞首刑が執行されました。この日、第二次起訴を予定されていた岸信介ら戦犯容疑者はすべて釈放されました。戦争終結からすでに三年余、米・ソを両軸とした冷戦の激化という政治状況の変化があったのです。この点が、欧州における戦犯裁判、ニュールンベルグ裁判との違いです。ニュールンベルグ裁判では、ゲーリングらナチスの最高責任者らが、ユダヤ人、ポーランド人らに対する強制労働の責任が裁かれ、有罪判決を受けましたが、その後もニュールンベルグ継続裁判として、ナチスの準幹部、その他さまざまな分野での戦争協力者が裁かれました。

岸信介は、東京裁判の遅れ、冷戦の進行（第一次起訴組の弁護団もこれを狙っていました）によって、かろうじて戦犯を免れ、やがては首相にまで上り詰めたのです。

花岡を訪れ、増産を訴えた岸信介商工大臣

†南方戦線にも強制連行された中国人

日本の敗戦後、ニューブリテン島ラバウルで豪州によるB・C級戦犯裁判が開かれ、今村均第八方面軍司令官、加藤鑰平同方面軍参謀長、廣田明同軍野戦貨物廠長、安達二十三《はたぞう》第一八軍司令官ら四人の将官を含む多数の日本軍将兵が起訴され、有罪となりました。

主な起訴事実としてアジア人特設勤務隊員に対する虐待がありました。アジア人特設勤務隊とは、日本軍の捕虜となったインド人、同じく捕虜となった中国国民党軍の兵士、中国人ゲリラ、日本軍に捉えられた中国の民間人、インドネシアの兵補（現地人補助兵）らによって構成されていました。

彼らは、物資の荷揚げや荷下ろし、兵舎や倉庫の建設、食糧の運搬等をさせられていましたが、その使役に際して、虐待があったとして裁かれたのです。

一九四二年一一月半ば過ぎ、今村方面軍司令官は、着任するや、方面軍の労働力不足に対処するために、大本営宛てに「当地に配属される予定の部隊は、できるだけ多くの労働者をともに連れてくるように」と要請しております。

この要請は大本営ですぐに承認され、中国大陸で戦闘中の支那派遣軍のうち南方方面に向かいつつあった第六師団に対して、「できるだけ多くの労働者をニューブリテンまで連行し、第八方面軍に引き渡せ」と、命令が発せられました。

第六師団長・神田正種は、第六師団兵士と同じ輸送船に約一五〇〇人の中国人を乗せ、第八方面軍に引き渡しました。引き渡された中国人労働者は、中国政府の協力を得て募集されたとされていますが、この中国政府とは重慶の国民党政府ではなく、日本軍の傀儡《かいらい》政権のことです。

戦犯法廷における検察官の主張によれば、この一五〇〇名のうち大部分が国民党軍の捕虜であり、また日本軍占領地において捉えられ、強制連行された中国市民であったといいます。南方方面には、この他にも多数の中国人捕虜、市民が特設勤務隊員として送りこまれていましたが、いずれも本人の意思に反してのものでした。

一九四三年はじめには、大本営は、東南アジア占領地に責任のあった南方総軍に対し、特設勤務中隊三〇個を編成したうえで、そのうち一四個を第八方面軍に輸送せよと命じました（戸谷由麻『不確かな正義　BC級戦犯裁判の軌跡』岩波書店）。

†「幻」の外務省報告書

敗戦の翌年、外務省は、中国人強制連行に関する報告書をまとめた「外務省報告書」を作成しました。正式には『華人労務者就労事情調査報告書』（一九四六年三月一日、外務省管理局発行）と題され、第一分冊（第一部　移入、配置および送還事情）、第二分冊（第二部　死亡・疾病・傷害および関係事情）、第三分冊（第三部　就労事情、紛争および就労成果）の本文三冊と別冊「事業場概要」そして全体をまとめた「要旨」の全五分冊から成っております。

これは強制労働させた一三五事業所からの報告――「事業所報告書」を提出させ、それに基づいて作成したものです。その目的は必ずしも明確ではありません。一九四六年二月一二日、外務省管理局長決裁の「本邦移入華人労務者就労事情調査に関する件」には、「華人労務者につき其の招致より送還に至る迄の諸般の実情を精密に調査し、内外各般の説明資料、殊に近く来朝を予想せらるる中国側調査団への説明に備へる目的を以て、概ね別添要領に依り之か詳細を実施致可然哉」とあります。

戦勝国の一員である中国政府から、強制連行・強制労働の中国人被害者について問い糺されることは必至とし、それに答えるために報告書にまとめておくことが必要だと考えたのでしょう。

中国在留の日本人の帰還事業を進めるに際して、中国側の協力が不可欠であったので、そのバーターとして、強制連行された中国人の名簿を作成しておく必要があると考えたという面もあったと思われます。

一九五〇年代から六〇年代にかけて、日本赤十字社や日中友好協会らによって「中国人捕虜受難者慰霊実行委員会」が作られ、強制連行され、日本で亡くなった中国人の遺骨送還運動が行われました。この遺骨送還運動の一環としてまとめられた「中国人強制連行事件に関する報告書」の中で、「外務省報告書」の存在が指摘されていました。

しかし、外務省は、報告書作成の事実は認めながらも、現在その報告書は存在していないので、詳細はわからないという態度を取り続けました。

例えば一九六〇年五月三日、衆議院日米安全保障条約特別委員会で外務省の伊関アジア局長は、以下のように答弁しています。

昭和二一年の三月に外務省管理局に於いてそういう調書の作成を致したそうでございますが、そういう調書がございますと、戦犯問題の資料に使われて非常に多数の人に迷惑をかけるのではないかということで、全部焼却致したそうでありまして、現在外務省としてはそうした資料を一部も持っておらない次第でございます。

「焼却して、ない」などとはまったく無責任な対応ですが、外務省のこのような態度はその後も一貫していました。

一九九三年五月一一日、参議院厚生委員会で外務省アジア局・小島地域政策課長も以下のように答弁しています。

そういう調書を外務省が作成したということは聞き及んでいるわけでございますが、なにぶんにも同調書が現存していないことでございまして、確定的なことは申し上げられないということでございます。……このような資料の有無につきましては、かつて外務省としても、いろいろな方面に手を尽くしたわけでございます。しかしながら、そのような資料は残っていないという趣旨の答弁を国会に於いてさせていただいたと承知しておりますけれども、そのような状況は今も変わっていないということで、まことに繰り返しで恐縮でございますが……

その後、関係者の調査によって、この幻の「外務省報告書」が東京華僑総会に残っていることが判明しました。そして、一九九三年五月一七日、NHKの報道番組「クローズアップ現代」で放映されました。

「外務省報告書」、その基になった「事業所報告書」の存在によって、中国人強制連行・強制労働の実態はより明らかになったのです。

「外務省報告書」は強制連行・強制労働の実態のみならず、その「成果」についても具体的に記述しています。同報告書第三分冊は、「移入成果」と題して、例えば「総出炭量一三八九万トン中一五三万トン、即ち総出炭量の一一％が華人労務者により採掘せられたるものなり」としています。

†国から企業への不可解な補償

ところでまったく不可解ですが、同報告書第三分冊には、強制連行された中国人を受け入れ、強制労働させた使役企業三五社が、中国人を受け入れたことにより「損失」を蒙ったとして、政府に補償金の支出を求めたこと、「政府は之に対し、すでに此等華人労務者

中国人使役企業別、政府補償額

企業	事業場数	華労移入数（人）	（%）	政府補償額（円）	（%）
地崎組	11	1,741	4.5	3,443,502	6.1
川口組	6	2,660	6.8	4,319,889	7.6
土屋組	5	900	2.3	1,828,525	3.2
菅原組	4	784	2	1,629,435	2.9
荒井組	3	573	1.5	1,190,783	2.1
伊藤組	2	499	1.3	803,397	1.4
瀬崎組	1	299	0.8	603,380	1.1
鉄道工業	7	1,608	4.1	2,803,745	4.9
鹿島組	5	1,888	4.8	3,461,544	6.1
鉄道建設工業	2	西松組に包含			
間組	5	1,172	3	2,775,887	4.9
飛島組	3	584	1.5	1,291,256	2.3
大成建設	1	299	0.8	644,374	1.1
西松組	1	543	1.4	757,151	1.3
熊谷組	7	1,705	4.4	2,872,958	5.1
小計	63	15,253	39.2	28,425,826	50.1
野村鉱業	1	195	0.5	1,247,818	2.2
明治鉱業	1	200	0.5	92,322	0.2
北海道炭鉱汽船	4	1,311	3.4	4,500,871	7.9
井華鉱業	3	1,194	3.1	86,888	0.2
日本鉱業	3	1,305	3.4	2,264,685	4.0
日鉄鉱業	7	1,793	4.6	2,179,222	3.8
同和鉱業	2	498	1.3	672,269	1.2
古河鉱業	1	257	0.7	28,615	0.0
戦線鉱業	1	200	0.5	53,990	0.1
宇久須鉱業	1	199	0.5	73,212	0.1
日本冶金工業	1	200	0.5	771,000	1.4
宇部興産	1	291	0.7	28,599	0.0
貝島炭鉱	2	499	1.3	267,226	0.5
三菱鉱業	9	2,709	7	2,869,060	5.1
三井鉱山	10	5,517	14.2	7,745,206	13.7
小計	47	16,368	42	22,880,983	40.3
三井造船	1	132	0.3	–	
播磨造船	1	490	1.3	–	
藤永田造船	1	161	0.4	78,220	0.1
東日本造船	1	431	1.1	–	
小計	4	1,215	3.1	78,220	0.1
海運業会	21	6,099	15.7	5,340,445	9.4
総計	135	38,935	100	56,725,474	100.0

出典：『外務省報告書』第３分冊、59～61ページより作成。

なお数字が合わないところがあるが、原典のまま。単純に計算すると、中国人１人当たり1,457円となる。

（山田昭次・田中宏編著『隣国からの告発』創史社より）

移入及就労管理補助金として、各関係事業主に対し、総額五六七二万五四七四円を交付せる」という記述があります。いったいこれは何のことでしょうか。どういう損害を受けたというのでしょうか。

田中宏一橋大学名誉教授の試算によると、一九四六年当時の公務員の初任給（五四〇円）で見ると一九九四年は三三三四倍であり、これで換算すると補償総額は一九〇億円ぐらいになります（山田昭次・田中宏編『隣国からの告発――強制連行の企業責任二』創史社　一九九六年刊）。

前頁は使役企業三五社が受け取った「補償金」の一覧表ですが、これによると、本書で取り上げている関連企業では、鹿島建設（鹿島組）が金三四六万一五四四円、西松建設（西松組）が金七五万七一五一円、三菱マテリアル（三菱鉱業所）が金二八六万九〇六〇円となっています（「外務省報告書」第三分冊）。

これを三三三四倍して一九九四年の価値に換算すると、それぞれ金一一億五六一五万五六九六円、金二億五二八八万八四三四円、金九億五八二六万六〇四〇円ということになります。一九九四年からさらに二五年を経た今日、二〇一九年の計算式ではいくらになるでしょうか。

それにしても、けしからんのは「外務省報告書」の存在を否定し続けた外務省の態度です。一九九三年五月、「外務省報告書」が発見されるや、同年六月二二日、衆議院外務委員会において川島裕アジア局長は、「一連の調査をやりました結果、本件報告書が、当時外務省が作成したものであることは間違いない事実であります」とぬけぬけと答弁しました。

近年でも、沖縄復帰に際しての日米密約問題、米国の国立公文書館にはその資料が存在することが明らかにもかかわらず、その存在を一貫して認めない外務省、あるいは薬害エイズ問題の資料の存在を否定し続けた厚生省など、日本の官僚の体質はまったく変わっていません。ごく最近では、安倍首相主催の桜を観る会招待者名簿の破棄問題があります。

†鹿島建設との交渉開始

花岡事件については、一九七〇年代後半頃に、地元秋田、能代市在住だった作家の故野添憲治氏らが、関係者らからの聴き取りを基にルポルタージュを発表するなどして、次第に世に知られるようになりました。一九八一年には、秋田市在の無明舎出版より滝平二郎らの版画による『花岡ものがたり』も出版されています。版画には苛酷な奴隷労働の様子が刻まれています。

強制連行された中国人中、生存者の大方は日本の敗戦後、中国に送還されましたが、一部ですが日本に残った人々がいました。札幌在住の劉智渠氏、大阪在住の李振平氏らです。

一九八〇年代に入って劉智渠・李振平氏ら四名の残留した中国人強制連行・強制労働の

被害者らが、作家の石飛仁氏らの支援を受けて、鹿島組の後身である鹿島建設㈱に対して、未払い賃金の支払いを求めました。鹿島建設は、金額は別として、一時期、劉智渠氏らの要求に応えるかのような姿勢を示しました。

その後、故新美隆弁護士や筆者らが、劉智渠氏らの代理人弁護士として鹿島建設㈱との交渉の任に当たりました。その交渉経過が、共同通信を介して配信され、それを北海道新聞が記事にしました。その記事が、中国大陸に転送され、それが中国河南省に帰還していた耿諄氏らの目に留まったのです。

耿諄氏は、「これは俺たちのことだ」と、劉智渠・石飛仁氏らに連絡してきました。さっそく石飛仁氏が中国に飛び、耿諄氏と面会を果たしました。

そして、一九八八年、耿諄氏の来日を経て、中国に帰還した花岡鉱山での強制労働被害者及び遺族らによって、鹿島建設に対する賠償請求を目的とした「聯誼会」（耿諄会長）が結成されました。ここに至り、鹿島建設に対する賠償請求は、在日の劉智渠氏ら四名が当初たちあげた「未払い賃金の支払い」請求運動から大きく脱皮、発展したのです。

†「共同発表」で責任を認める

中国人生存者・遺族らは一九八九年、加害企業・鹿島建設に対して、一人当たり金五〇〇万円（当時、戦傷病者・戦没者遺族等援護法による一人当たりの支給額の合計が約五〇〇万円となっていたことが根拠となりました）約一〇〇〇人の被害者合計五〇億円の損害賠償の請求をなしました。

数回の交渉を経て、一九九〇年七月五日、鹿島建設との間で、以下のような共同発表がなされるに至りました。

一九四四年から一九四五年にかけて、株式会社鹿島組花岡鉱山出張所において受難した中国人生存者・遺族が今般来日し、鹿島建設株式会社を訪問し、次の事項が話し合われ認識が一致したので、ここに発表する。

1　中国人が花岡鉱山出張所の現場で受難したのは、閣議決定に基づく強制連行・強制労働に起因する歴史的事実であり、鹿島建設株式会社はこれを事実として認め企業としても責任があると認識し、当該中国人生存者及びその遺族に対して深甚な謝罪の意を表明する。

2　中国人生存者・遺族は、上記事実に基づいて昨年一二月二二日付けで公開書簡を鹿島建設株式会社に送った。鹿島建設株式会社は、このことについて、双方が話し合いによって解決に努めなければならない問題であることを認める。

3　双方は、以上のこと及び「過去のことを忘れず、将来の戒めとする」（周恩来）との精神に基づいて、今後、生存者・遺族の代理人等との間で協議を続け、問題の早期解決をめざす。

一九九〇・七・五　東京にて

花岡事件中国人生存者・遺族を代表して　耿　諄

代理人として　弁護士　新美　隆

弁護士　内田雅敏

田中　宏

内海愛子

林　伯耀

鹿島建設株式会社　代表取締役副社長　村上光春

鹿島建設は、中国人強制連行・強制労働は国策に基づくものであるが、「企業としても責任があると認識し、当該中国人生存者及びその遺族に対して深甚な謝罪の意を表明する」と、企業の責任を認めたのです。そして、受難者遺族からの補償請求についても鹿島建設株式会社は、このことについて、双方が話し合いによって解決に努めなければならない問題であることも認めたのです。

地元秋田のＡＢＳ秋田放送の須藤正隆ディレクターは、この間の動きをテレビドキュメンタリー「風の骨～45年目の中国人強制連行事件～」にまとめ、始めはローカル版、後に全国放送され、大きな話題を呼び、花岡事件を広く世に知らしめました。

この作品はＮＮＮドキュメント一九九一年間最優秀賞、第二九回ギャラクシー賞奨励賞などの数々の賞を取りました。須藤ディレクターは、一九八七年の耿諄さん来日の際にも、ラジオドキュメンタリー「終戦の日特別番組ホアガン１９８７　42年目の花岡事件」を製作し、第二五回ギャラクシー賞選奨を取っています。

†提訴から和解の成立まで

しかし、その後の交渉には進展が見られませんでした。鹿島建設としては同様な問題を抱える他社への配慮があったと思います。また社内おける反対論も強かったと思います。

そこで一九九五年六月二八日、耿諄氏ら一一名の生存者・遺族が、代表訴訟として、鹿島建設に対して、一人当たり金五〇〇万円の損害賠償金の支払いを求めて東京地裁に提訴しました。中国人被害者による日本の裁判所に対する初の提訴でした。

一九九七年一二月一〇日、地裁（園部秀穂裁判長）は、事実審理をすることもなく、時効、除斥期間の法律論（一一三〜一一四頁参照）だけで簡単に請求を棄却しました。

この判決について、各紙が批判的な報道をしたのは当然でした。判決から三日後の一二月一三日付け朝日新聞夕刊（「窓　論説委員室から」）は「聞く耳」と題して以下のように書いております。

原告や支援者が怒るのも無理はない。東京地裁が言い渡した花岡事件の判決のことだ。大戦末期、秋田県の花岡鉱山で起きた中国人労働者の弾圧事件をめぐり、命を取り留めた人や遺族が、鉱山を経営していた鹿島に賠償を求めた。

東京地裁は、当時どんな仕打ちがあったかを調べるまでもなく、時の経過によって賠償請求権はすでに消滅したと述べた。

最高裁の判例を踏まえたもので、今の法律の解釈からいえば、そういう結論になるのは仕方がないかも知れない。

しかし、である。

本人尋問を含め、一切の証拠調べをしなかったことは、道義にかなうといえるだろうか。

この種の訴訟を審理した裁判所はこれまで、原告の訴えには耳を傾けてきた。法廷をアピールの場にして、世論を喚起しようという思いにも、一定の理解を示したものだ。

韓国の元徴用工が三菱重工業と国を訴えた裁判で、長崎地裁は今月初め、請求は退けたものの、判決理由の中で、違法行為があったことを認めた。

台湾出身の元日本兵に弔慰金を支払うことを決めた法律は、一二年前、国政関係者に対し、「国際信用を高める措置」を求めた東京高裁の判決がきっかけで制定された。

ささやかかもしれないが、遅れた戦後処理の前進に司法が貢献することもできるのだ。しかし、今回のように事実調べに入らないのでは話にならない。抑制、禁欲、謙譲も結構だが、そうした姿勢が自分たちの存在感をますます希薄にしていることを裁判官はどう考えているのだろうか。

東京地裁は、中国に住む原告らに配慮して、判決期日を調整し、控訴期間も六〇日間延長した。だが、そんなことよりも、もっと考えなければならない事柄があったと思う。

かくして、舞台は東京高裁に移りました。係属部東京高裁第一一民事部（新村正人裁判長、宮岡章判事、田川直之判事）は、一審がひどかっただけに慎重な審理を遂げた上で、一九九九年九月、和解を勧告しました。

和解交渉は、鹿島建設側の頑な態度により難航しましたが、受難者・遺族聯誼会は、和解成立後に設立される基金の受け皿として中国紅十字会（赤十字）の同意を得るなど、和解成立に向けての環境整備に努力しました。

裁判所の粘り強い説得、そして裁判外での田英夫、土井たか子、後藤田正晴氏ら日中友好に尽力する方々らの工作もあり、二〇〇〇年一一月二九日、東京高裁で和解が成立しました。

成立した和解は、和解条項の第一項で、一九九〇年七月五日、鹿島建設と中国人受難者聯誼会が連名でなした前記の「共同発表」を再確認することから始まっています。鹿島建設は強制連行・強制労働について「企業としても」責任を認め、被害者・遺族らに対し深甚なる謝罪をなし、和解金として金五億円を支出するとしました。

和解成立の際、裁判所は法廷で、以下のような所感を述べました。

　広く戦争がもたらした被害の回復の問題を含む事案の解決には種々の困難があり、立場の異なる双方当事者の認識や意向がたやすく一致し得るものでないことは事柄の性質上やむを得ないところがあると考えられ、裁判所が公平な第三者としての立場で調整の労をとり一気に解決を目指す必要があると考えたゆえんである。

　裁判所は、和解を勧告する過程で折に触れて裁判所の考え方を率直に披瀝し、本件事案に特有の諸事情、問題点に止まることなく、戦争がもたらした被害の回復に向けた諸外国の努力の軌跡とその成果にも心を配り、従来の和解の手法にとらわれない大胆な発想により、利害関係人中国紅十字会の参加を得ていわゆる花岡事件について全ての懸案の解決を図るべく努力を重ねてきた。過日裁判所が当事者双方に示した基本的合意事項の骨子は、まさにこのような裁判所の決意と信念のあらわれである。

本日ここに、「共同発表」からちょうど一〇年、二〇世紀がその終焉を迎えるに当たり、花岡事件がこれと軌を一にして和解により解決することはまことに意義のあることであり、控訴人らと被控訴人との間の紛争を解決するというに止まらず、日中両国及び両国国民の相互の信頼と発展に寄与するものであると考える。

裁判所は、当事者双方及び利害関係人中国紅十字会の聡明にしてかつ未来を見据えた決断に対し、改めて深甚なる敬意を表明する。

当日午後三時、司法記者クラブでの記者会見に臨んだ原告及び代理人団は、原告団作成になる詩を掲げました。

為花岡事件和解成功

献言

討回歴史公道（歴史の公道を取り戻し）
維護人類尊厳（人間の尊厳が守られた）
促進中日友好（中日の友好を促進し）
推動世界和平（世界の平和を推進しよう）

†大きな反響を呼ぶ

「戦後処理の大きな一里塚」（二〇〇〇年一一月三〇日　朝日新聞社説）
「歴史はきちんと伝えたい」（同日　毎日新聞社説）
「かくて宿題が残った　戦後補償問題で冷厳な法律論にはね返されてきた被害者に、遅まきながら光が当たることになった。政府は「国の責任」という残された問題の解決を急ぐべきだ」（同日　東京新聞社説）
「全面決着に沸く原告　亡き夫や仲間喜んでいる」（同日　読売新聞・社会面記事見出し）
「基金信託で救済に公平性　被害者全員を一括救済した今回の和解は、戦後補償訴訟の中でも事件を全面解決した点で、前例のない画期的なものだ」（同「解説」）
「戦後補償の解決策提示　高齢化が進む原告側にとって、長引く裁判の負担も重くのしかかる。国会は立法による被害者救済を早急にはかる必要がある」（一一月二九日　日本経済新聞「解説」）

以上のように、新聞各紙も和解を積極的に評価しました。

毎日新聞の「ニュースキー2000」では、「欧米の流れを見据え　花岡事件訴訟　未来への和解　戦後補償問題「世紀内解決」」というタイトルで、

「中国人の強制連行・強制労働の象徴といわれる花岡事件の戦後補償が和解で決着した。飢え、虐待、過酷な労働で400人以上の中国人が死亡した歴史の暗部に、大手ゼネコンの鹿島が向き合い、初めて、本格的な基金を設立する。全国で、約60件に上る戦後補償訴訟では、西松建設や三井鉱山など多くの企業が被告になっている。

東京高裁（新村正人裁判長）が昨年9月以来、粘り強く和解を勧めた花岡訴訟の解決は、戦後55年の「過去の克服」の一つのモデルケースになると関係者は期待を寄せる」

と、その意義を解説しました。

同記事の末尾では、「耿諄さんは交渉中、鹿島の戦争犯罪を告発する一方で、「事件は過去の事、新しい世紀を前に補償問題を解決し、中国と日本は友好を進めるべきだ」と話し

ていた」と、中国人受難者側にも変化があったことを紹介しています。

なお産経新聞は、「中国人戦後補償訴訟での和解は初。基金方式を採用した和解も初めてであり、同種訴訟に影響を与えそうだ」と、和解に対する評価を交えず淡々と報じました。

筆者は、この和解について、雑誌『世界』(二〇〇一年二月号)、『軍縮問題資料』、『わだつみのこえ』(一一四号)等々で紹介しましたが、その紹介文の「追記」として以下のように書きました。

追記　〝勝利〟〝おめでとう〟と言わないで下さい。

和解成立の報道があって以降、友人、知人から(中略)「勝利おめでとう」という言葉をかけられることがあるが、これには或る種の戸惑いを覚える。和解内容が中国人生存者・遺族にとって十分に満足のゆくものではなかったからということだけが理由ではない。仮に十分な満足のいく内容で和解ができたとしても、やはり、〝加害者〟日本人の一員である私にとって〝勝利〟とか〝おめでとう〟という言葉はふさわしくない。

花岡裁判では私達は被害者の代理人として行動した。しかし被害者の訴えは鹿島に対してだけではなく、日本社会に対するものとして自分にもはね返ってくる。この裁判は原告代理人も被告代理人もそして裁判官も、自分自身に対する問いかけだということを忘れてはならない。それが被害者に対する眼差しになる。

和解解決について〝勝利〟だとか〝おめでとう〟と言わないで下さい。ただ一言〝よかったね〟と言って下さい。そして「これを他の戦後補償問題の解決の契機に」と言って下さい。

以上述べてきたように花岡和解は、「過去の克服のモデルケース」となることが期待されたにもかかわらず、和解直後に鹿島がホームページで「責任を認めたわけではない」とやったため（後に削除）、中国側受難者・遺族の一部が反発し、和解の是非についての論争が起こり、苦難の途を歩むことになりました。

しかし、後述するように、二〇〇〇年一一月二九日の花岡和解があったからこそ、二〇〇九年一〇月二三日の西松建設広島安野の和解、二〇一六年六月一日の三菱マテリアル和解があったのです。

なお、鹿島建設が否定した責任とは、法的な意味での責任であって、一切責任がないと言ったわけではありません。ここら辺りは分かりにくいところですが（とくに中国人には）、責任には、大きく分けて法的責任と道義的責任とがあります。これは本来どちらが重くて、どちらが軽いといったものではないのですが、二〇〇〇年の時点で、鹿島建設は他の企業に先駆けて、「法的責任」を認めるのは困難でした。それであえて「法的責任を認めたものではない」とやったわけです。

この「法的責任を認めたものではない」とするのは、和解条項一項では、

〔当事者双方は、平成二年（一九九〇年）七月五日の「共同発表」を再確認する。ただし、被控訴人（鹿島）は右「共同発表」は被控訴人の法的責任を認める趣旨ではない旨主張し、控訴人らはこれを了解した〕

とあり、和解交渉では、和解金額もさることながら、この「責任」を巡る解釈の攻防に重点がありました。

「控訴人らはこれを了解した」というのは「承認」、「了承」ではない両論併記のつもりでのギリギリの選択でした。

この点が中国側には十分理解できないところであったと思います。なお、後述するようにその後の、西松建設和解、三菱マテリアル和解では、「責任」については「歴史的責任」という表現にしました。

西松建設和解では、西松建設は、最高裁で「法的責任」は否定されたが、しかし「付言」に基づいて自発的に解決するという見解であったのです。

これに対して、被害者側は、最高裁判決が「法的責任」を否定しているのは客観的事実であるが、被害者側はこれを認めたわけではない、と両論併記にしました。その上で、西松建設は歴史的責任を認めると明言し、そして、西松建設と被害者側が「本和解に関する確認事項」を交わし、「歴史的責任」の解釈については「字義どおりである」としました。また、和解条項の他についても疑義の出ないよう「確認事項」で工夫しました。これは、和解条項の一部について誤解された花岡和解の教訓に基づいたものでした。西松建設和解を発展させた三菱マテリアル和解では和解条項を巡る疑義など一切出ていません。

†地元大館での追悼行事開催

地元大館では、毎年六月三〇日に大館市の主催で、中国から生存者・遺族の参加などを得て、追悼式が行われています。一九九〇年からは中国大使館からの参加も得られるようになりました。最初に出席したのは、当時参事官で現外交部長の王毅氏でした。二〇一六年六月三〇日の追悼式で述べられた大館市長の「追悼の言葉」は以下のようなものでした。

本日、ここに慰霊式を執り行うにあたり、故郷を遠く離れ、この花岡の地に眠る四百二十九柱（四二九名には鹿島組以外の事業所の死者も入っている―筆者注）の御霊に、謹ん

で哀悼の意を捧げます。（中略）

七十一年前の今日、この花岡の地において、後に「花岡事件」と呼ばれる出来事が起こりました。

遠い異国の地に連行され、苛酷な労働と悲惨な待遇により、百四十七名がお亡くなりになり、さらに自由と尊厳を守るためにやむなく決起した二百八十二名が犠牲となられ、合わせて四百二十九名の尊い命が失われました。

事件を引き起こす要因となった非人道的行為は、戦争という異常な状況下での出来事であったとはいえ、決して許されるものではありません。

事件後、すでに半世紀以上の歳月が流れ、我が国も平和と民主主義を基調に生まれ変わり、めざましい発展をとげましたが、過去の悲惨な事実を決して風化させてはなりません。

二度と同じ過ちを繰り返すことがないよう、この事実を歴史の教訓として、日中両国の友好と世界の恒久平和のために、大館市民とともに努力することをここにお誓い申し上げます。

最後に、日中両国のますますの発展を願いますとともに、望郷の思い深くここに眠る御霊に衷心よりお悔みを申し上げ、安らかにお眠りくださいますようお祈りいたしまして、式辞とさせていただきます。

平成二十八年六月三十日
大館市長　福原淳嗣

日本政府が、この問題に頬被りをしている中で、一地方自治体が、このような追悼事業を続け、市長がこのような追悼文を読み上げることには大きな意味があります。それは受難者・遺族に対するささやかな慰藉であると同時に、草の根の日中友好運動の一端を担うものであり、自治体外交でもあります。

中国大使館からも以下のように述べられました。

二〇一六年度　花岡事件中国人殉難者慰霊式におけることば
中華人民共和国駐日本国大使館参事官　田培良

先の大戦が終わりを告げてから、七十一年の歳月が過ぎ去りました。現在の人々は当時の中国人労働者が体験した悲惨な境遇につきまして、想像さえできないかもしれません。しかし、この悲惨な歴史を忘れてはいけません。しかも次世代に語り継がなければなりません。
歴史から教訓を汲み取り、中日両国の子々孫々にわたる友好及び永久平和を実現させる努力を積み重ね、二度と悲惨な歴史を繰り返さぬようとすることこそ、亡くなった方々に対する最高の記念であると思っています。（中略）
しかし、指摘しておかなければならないのは、日本国内において、かつての侵略戦争を否認し、ひいては美化しようとする勢力は終始存在しています。近年、このような動きが減少するどころか、かえって増加しています。これは被害国人民に対する再度加害であり、日本がアジア隣国と未来志向の関係を発展させることにも支障をきたしています。これに対し、平和を愛する人々は共同で反対すべきであると思っています。
戦後以来、両国各界の努力の下で、中日関係は長足の発展を遂げ、各分野における交流と協力は大きな成果を遂げました。近年、周知の原因によって、中日関係は一時、非常に困難な局面に陥りました。いま、両国関係は改善の軌道に戻りましたが、改善の勢いは依然として弱い。中国政府は一貫して中日友好善隣関係を発展させることを重視しています。双方は共に努力し、中日間の四つの政治文書および四項目合意を踏まえ、「歴史を鑑とし、未来に向かう」精神に基づいて、両国関係絶えず改善と発展を推進しようではありませんか。

中国大使館からの追悼文は、その時の政治情勢、とりわけ日中関係が微妙に反映しており、筆者としても、毎年興味深く拝聴しています。

†新村正人元裁判長の献花

二〇一三年六月三〇日の追悼式には、和解成立時の裁判長で、現在、弁護士をされている新村正人氏も参加され、中国人受難の碑に献花されました。

氏は前日夜の中国人歓迎の会合でも、中国人遺族らと親しく交流されました。判決でなく和解による解決だからこそ、このような交流が可能になったのだと思います。

新村元判事は、二〇一五年、戦後七〇年の節目に、NHK秋田放送に（記者の「熱心な」求めにより）、以下のような手記を寄せ、前記追悼式に参加した時の感想を述べておられます。この手記はその一部が、同年六月三〇日朝のNHK秋田放送でも紹介されました。

一昨年大館市で行われた花岡事件の慰霊式に参加したのは、この事件の裁判で微力ながら和解成立のため橋渡しの役を務めた者として、その成果というべきものをこの目で確認したいという願いと、中国から参加される遺族の方々と地元大館市の皆さんと一緒

2013年６月30日、花岡事件慰霊式で献花する新村正人・元東京高裁裁判長（張国通氏撮影）

に慰霊の念を共にしたいという思いからでした。

第二次大戦下日本の誤った国策の犠牲になった中国人労働者の霊を慰めるため、一地方公共団体が公の立場で市民の方々と一体となって慰霊の式典を毎年挙行していることに強く感銘を受けました。

中国からの参加者に対し礼を尽くしたこのような行事が、事件の地元の大館市によって率先して行われていることにより、日中両国からの参加者による交流が実質的に図られ、意義のあるものとして参加者の記憶に刻まれていくものであるとの念を強くしました。

涙と笑いの中にこもごも酒盃を挙げ、手を握り抱き合って歓談し、肩を組んで歌うなどの交流の場がたくまずして実現しているその状況を目の当たりにし、自分もその中に身を置き、突き動かされるような感動を覚えました。

振り返って政治、外交の面では、現在日中関係がギクシャクしているのは好ましくなく、その原因解明と解決方法については冷静な分析と判断が必要であることは言うまでもありませんが、その背景に先の大戦における日本の中国に対する侵略、加害の歴史があることは動かせない事実であると考えます。

そのことに思いを致し謙虚に歴史に向き合うことがまずもって日本の側に求められている、国の指導的立場にある人々にはそのことの大切さをもっと強く認識してもらいたい、また国民一人一人もそのことに対する強い思いを持つことが大事である、そのように考えています。

新村元裁判長が中国殉難烈士慰霊之碑に献花をしたのは、この時が初めてではありません。

筆者は、二〇〇八年夏、氏から以下のような心あたたまるお手紙をいただきました。

花岡事件の解決に微力ながらお役に立ったことは、私の長い裁判官生活の中で特に強い印象を残し、一度花岡を訪ねたいという気持を強くしておりました。ただ、現役中は、当事者の一方に肩入れするように見える行動は慎まなければならないと考えておりました。しかし、今は在野の一介の弁護士にすぎないので、そのような配慮は無用となり、（中略）中国殉難烈士慰霊之碑に詣で、途中で求めてきた花束を供え、持参の三脚を用い、セルフタイマーで写真を撮りました。ふと思いついてスケッチブックの画紙一枚を剝ぎ取り、感懐を記し、花束に添えて置きました。碑の背後に一本の白百合の大輪が満開なのが印象的でした。あっという間に小一時間を過ぎ、三時半ころ辞しました。（中略）

書き遺した紙片の文面は、次のようなものです。

「縁あって花岡事件に関わり、爾来一度この地を訪れようと心に決めていました。本日慰霊の碑の前に立ち、宿願を果しました。粛然たる思いで花束を捧げます。

平成二十年七月二十七日

新村正人」

その場で思いつき書き記したものですが、この一文が私の心境のすべてを言い尽くしています。（中略）

今ごろは、雨に打たれ、風に飛ばされてしまっているでしょうが、それでいいように思います。

†花岡事件祈念館の開設

毎年六月三〇日、大館市の主催で行われる花岡事件追悼式を支えている大館市民らが中心になって結成したNPO法人「花岡平和記念会」（川田繁幸理事長　筆者も理事を務める）が全国に呼びかけ、浄財を集め、地元に土地を購入し、総工費約四〇〇〇万円を費やし、平屋建て二一〇坪の「花岡平和祈念館」を建設しました。

二〇一六年四月一七日の開館式には、中国から花岡事件の生存者、李鉄垂さん（八七歳）と遺族ら、中国大使館参事官、地元大館市長ら関係者が集まり、「私たちは事件を忘れない」というメッセージを発しました。

祈念館には、花岡での強制労働の実態、花岡事件の全容、戦後の取り組みとして、遺骨送還運動、毎年六月三〇日に行われる追悼式の様子、鹿島建設に対する賠償交渉→提訴、和解等々が、写真、図等を使ってわかりやすく展示されています。

入館して、最初に目に入るのは、縦一九六センチ、横三九一センチの「花岡蜂起・惨劇曼荼羅の図」です。北海道在住の画家・故志村墨然人氏が花岡事件をイメージして描いたものです。

祈念館の開館は四月一日〜一〇月三一日までの月、金、土、日曜日、午前一〇時〜午後三時までとなっています。

前述のように、大館市は毎年六月三〇日、花岡の地で、中国人受難者のための追悼式を行っていますが、鹿島建設は、和解成立の翌年の六月三〇日の追悼式に、同社の常務取締役中洞好博東北支店長を参加させました。式典後、同氏は受難生存者・遺族らと対面し、「この地で亡くなられた多くの方々の冥福を祈ります。和解によって当時の苛酷な体験が消え去るものではなく当社としても心を痛めております。基金が両国友好の礎となることを祈ります」といった趣旨のメッセージを伝えました。

ところが、追悼式に参加していた市民グループの一員らが、同人に対し、前述の同社の責任を否定するかのような鹿島建設のホームページの記載について、鹿島の責任者を追及し始めました。その結果、翌年からの参加はありませんでした。

一部の人たちの行動によってですが、鹿島建設の責任者を追い帰すような結果になってしまったのは残念なことでした。後述する西松建設和解のように、和解成立後、毎年、鹿島建設の責任者が花岡での追悼式に参加し、そこで会社としてのメッセージを発信し続けたならば、中国人たちの鹿島建設に対する感じかたも違ったものになった可能性がありました。このあたり、市民運動として考えなければならない問題があると思います。

第3章 全国で相次いだ損害賠償請求訴訟

中国人強制連行・強制労働事件については、一九九五年六月二八日の花岡事件提訴以来、国及び使役企業（使役企業のみの場合もあり）に十数件の訴訟が提起されましたが、和解による一部の解決を除いては最高裁判決までの過程ですべて原告敗訴となりました。「法律の壁」「条約の壁」です。

†「法律の壁」「条約の壁」

（1） 法律の壁とは？

日本国憲法の下では、国家または公共団体が不法行為をなし、それによって損害を受けた場合には、国家、公共団体に賠償を求めることができます。これが憲法第一七条国及び公共団体の賠償責任、国家賠償法です。ところが、戦前の大日本帝国憲法下では、このような憲法条項、法律はなく、国家の不法行為によって損害を受けても国家に賠償を求めることができませんでした。これを「国家無答責任」といいます。国家・公共団体は悪をなさないという前提に立つものですが、ずいぶん乱暴な考えです。

戦争などは国家の起こす最大の不法行為です。戦時中、ニューギニアで、片腕を失い、餓死寸前の状態に陥れられ、多くの仲間が死ぬのを見てきた妖怪マンガ作家の水木しげる氏は、国家こそ最も醜悪な妖怪だと言っています。

この国家無答責任によって戦争に関連した不法行為の賠償を国家に求めることが難しいのです。

ところで、国家と共犯であった企業の責任についてはどうなのでしょう。企業は、国家無答責任の理論では逃げられません。

ところが民法には、「時効」、「除斥期間」という理論があります。時効とは、不法行為による賠償請求は、他人の不法行為によって損害を受けた場合、その賠償請求権は損害の発生、加害者を知ってから三年間行使しないと請求権が消滅してしまうという理論です。不法行為がなされたときから一〇年間の間に行使しないときも同様です。

ただし、時効には中断というものがあり、中断すると、そこから三年、あるいは一〇年間は時効が成立しません。更に時効には、それを主張することが権利の濫用として認められない場合もあるのです。

ところが、除斥期間というのは、不法行為から二〇年を経過すると、無条件で賠償請求権が消滅してしまうという理論です。本書で取り上げている強制連行・強制労働は、戦時中のことですから、戦後すぐに裁判を起こしたのならともかく、具体的に提訴がなされるようになったのは、ずっと後になってからですので、この、時効、除斥期間の適用が可能となってしまうのです。

これが法律の壁です。時効、除斥期間は、法的安定性という観点から、権利を行使せず、「権利の上に眠っている者」は保護されないという考え方に基づく法理ですが、戦争賠償、植民地支配の清算などのような歴史問題の解決には本来なじまないものです。

ドイツでは戦争犯罪の時効は延長され、さらにその後廃止され、戦後七十余年を経過した現在もなおナチスの戦争犯罪者への追及がなされています。そうしないと周辺諸国から信用されないのです。

（2）条約の壁とは？

条約の壁とは、韓国人元徴用工の場合のように、一九六五年の日韓請求権協定で、その取り決め以外の賠償請求権は放棄され、解決済みという考え方です。

中国人の場合は、一九七二年の日中共同声明で賠償請求権は放棄されているという考え方です。戦後補償請求裁判は、関係者の多くが亡くなり、関連資料の焼却、隠滅、散逸等の困難さがあるのですが、さらに、このような法律の壁、条約の壁という難しい問題があるのです。

†劉連仁事件――一三年間の逃亡・潜伏生活からの救出

一九五八年二月八日、北海道当別町の山中で地元民が異様な姿の中国人を発見し、当別町派出所が身柄を保護しました。戦時中に中国山東省から強制連行され、北海道の明治鉱業昭和鉱で強制労働に従事させられていましたが、日本の敗戦の直前逃亡し、以後一三年間、北海道の山の中で暮らしていた劉連仁氏です。

救出された劉連仁氏は、同年四月帰国するまでの間、草の根で日中友好運動をしている人々の支援を受けて、自己の体験について語り、日本政府に対しても以下のような要望を発しました。

私は去る二月九日北海道石狩当別町奥の沢の山中で日本当局により発見された中国人捕虜劉連仁であります。私はもともと農民でありました。

中日戦争期間中、現在の中華人民共和国山東省諸城県で畑仕事におもむく途中不幸にして日本軍によって不法拉致され、青島を経て日本に連行されたうえ、北海道の炭坑（明治鉱業昭和鉱）で強制的に労働させられていたが、飢えと重労働と殴打に耐えかね昭和二十年七月頃炭鉱より逃出し以来十三年間戦争の終結も知らず北海道の山野にかくれ続けておりました。（中略）

私は逃走中十三年間、捉まったら「殺される」とばかり想いながら人目をさけて、やっと生きぬいてきました。

いまは、日本に居る同胞や、日本の親切な人たちに助けられ、札幌で帰国の出来る日を待ちつつ毎日を送っております。（中略）

私の中国での平和な生活を破壊したのは日本軍であり、私をこのように苦しめたのは日本侵略戦争のためです。人道上、国際法上から見て、日本政府の今の態度はこれで良いとは思われません。

日本政府当局が法律を云々とするならば、先ず国際法に従って私を速やかに私の祖国である中華人民共和国政府に知らせ、一日も早く私を再び平和な家庭へ送り届けるべきだと考えます。

もちろん、私は過去日本で十四年間も受けた肉体的、精神的な損害の補償を明治鉱業と日本政府に対し強く要求します。（以下略）

一九五八年二月二十六日　中国人捕虜　劉連仁

同年四月一〇日、劉連仁氏の帰国に際し、当時の岸内閣の愛知揆一官房長官が、劉連仁氏に書簡と金一〇万円を渡そうとしましたが、同氏はその受け取りを拒否し、以下のような声明を発しました。

私は三団体連絡事務所の御援助により、明日東京港を出航する白山丸で帰国することとなりました。去る二月九日下山以来、私は北海道と東京に於いて、日本各地の友人と僑胞から多くの暖い同情と慰問をいただきました。私はこれらの暖い厚意に心からのお礼を申し上げます。

私が下山してから今日まで、日本政府の岸内閣はただ沈黙をまもって来ましたが、これは絶対にゆるすことができません。

私は昨日、日本政府の内閣官房長官愛知揆一から一通の手紙を受けとりました。愛知官房長官はこの手紙の中でも、日本当局が私を不法に拉致し、虐待した、厳然たる事実を認めようとしておりませんが、これは旧い国際的犯罪をかくそうとして、新しい国際的犯罪をおかしているものであります。

私はここに重ねて岸内閣が負うべき責任を負わない態度を強く非難するものであります。私は帰国した後は戦争に反対し、中日両国民の友好のために闘う決心であります。私はまた、日本の友人がよせられた暖い友情を決して忘れないでありましょう。しかし私はあくまでも日本政府の責任を追求するものであり、私の日本政府に対する賠償を含む一切の請求権は、将来中華人民共和国政府を通じて行使するまで、これを留保するものであります。

一九五八年四月九日　劉連仁

†損害賠償に応ずることは「条理」に適う

その後、長い空白はありましたが、劉連仁氏は一九九六年三月二五日、日本国家を相手取り損害賠償の訴えを起こしました。

二〇〇一年七月一二日、東京地裁民事第一四部（西岡清一郎裁判長、金子修裁判官、宮崎拓也裁判官）は、劉連仁事件について原告勝訴の判決を言い渡し、提訴後に亡くなった劉連仁氏の遺族に対し、総額二〇〇〇万円の損害賠償を命じました。

同判決要旨は以下のように述べています。

まず、「本件訴訟は、太平洋戦争下での労働力不足の解消のためとられた国策である中国人労働者の日本内地への移入に関し、中国人である劉連仁が、行政供出の名目で、その意思に反して強制的に日本国内に連行され、北海道の昭和鉱業所において強制労働に従事させられ、これに耐えかねて逃走し、その後北海道内で一三年にわたる過酷な逃走生活を余儀なくされたことを理由として、被告である日本国に対し、これらの日本国の行為によって被った損害の賠償を求めた事案であり、いわゆる戦後補償裁判である」

と、裁判の位置づけを明確にした上で、次に、

「被告による劉連仁に対する強制連行、強制労働の実態の概要は前記のとおりであって、これによって劉連仁が多大の被害を被ったことは明らかである」

と、劉連仁氏の蒙った損害を認めました。

その上で、戦時中の強制連行・強制労働については、前述した国家無答責の壁があるから国家賠償の請求は認められないとしましたが、しかし、戦後、国家賠償法が制定されており、戦後の日本国家は、強制労働に耐えられず、北海道の山中に逃げ込んで一三年間隠れていた劉連仁氏を救出する義務があったのにこれを果たしていないとして、日本国家の戦後責任を認めました。

さらにこの損害賠償義務について、日本国家が、民法の除斥期間を適用することは、「劉連仁の被った被害の重大さを考慮すると、正義公平の理念に著しく反していると言わ

ざるを得ないし、また、このような重大な被害を被った劉連仁に対し、国家として損害の賠償に応ずることは、条理にもかなうというべきである」としました。

戦時中の不法行為だけでなく、戦後の不作為――劉連仁氏を探し出し、中国に送り返す義務の不履行――に着目し、現行の法解釈の範囲内で、国家の債務不履行によって劉連仁氏が被った損害を賠償せよ、と日本国家に命じたものです。

そこには強制連行・強制労働による被害の重大性に向き合い、何とか工夫をして劉連仁氏の被った損害の救済を図ろうとした、裁判官たちの誠意を垣間見ることができます。

なお、「条理」とは聞きなれない語だと思いますが、法文上に規定があるわけではありません。その意味するところは、
民法第一条（基本原則）「権利の行使及び義務の履行は、信義に従い誠実に行わなければならない」にいう「信義誠実の原則」、言葉を代えて言えば、「人の途」のようなものです。

民法学の泰斗、我妻榮『民法総則』は、「条理」について、「法律の存在しない場合に条理に従って裁判すべきだということである」と述べ、「裁判官は、法律に規定がないといって裁判を拒むことは出来ないし、その場合には自分が立法者ならば規定したであろうとするところ、すなわち条理に従うの他はないのである」と解説しています。

このように考えると、劉連仁判決が、「重大な被害を被った劉連仁に対し、国家として損害の賠償に応ずることは、条理にもかなうというべきである」と述べているのは含蓄があると言えませんでしょうか。

後述する、西松建設最高裁判決にいう「付言」もこのような精神に基づいてなされたものです。

西松建設（旧西松組）広島安野の裁判、和解へ

†地裁で棄却、高裁では勝訴判決

広島では強制連行された中国人のうち三六〇人が、西松建設の中国電力安野発電所導水トンネル工事現場に配置され、昼夜二交代の苛酷な労働によって、二九人がこの地で亡くなりました。わずか一年未満の期間に約一割が亡くなったことに過酷な労働の実態が窺われます。

遺族の一人、楊世斗氏の父・楊希恩氏は、建設現場での抵抗行為により広島市に連行され、警察署での取り調べ中に原爆の投下があり、被爆死しています。

広島安野の中国人受難者及びその遺族らは、一九九三年八月三日、西松建設に対し、①公式に謝罪すること、②死者を追悼し、歴史の事実を伝え、後生の教育に資するために、

追悼碑並びに記念館を設立すること、③しかるべき補償をなすことの三項の要求を提出しました。

しかし、その交渉が決裂したため、一九九八年一月、受難者及び遺族ら五人が全受難者三六〇名及びその遺族の代表となって、西松建設に対し、強制連行・強制労働という不法行為を理由とする損害賠償請求の訴えを、広島地方裁判所に起こしました。

二〇〇二年七月九日、同地裁は中国人受難者らの被害事実を詳細に認定しましたが、時効と除斥期間経過を適用して受難者らの請求を棄却しました。

二〇〇四年七月九日、控訴審である広島高裁（鈴木敏之裁判長、松井千鶴子判事、工藤涼二判事）は、広島地裁が認定した前記被害事実をそのまま認定した上で、

① 西松建設が強制連行された中国人らに苛酷な生活をさせ、厳しい労働条件の下で労働に従事させたことは、安全配慮義務違反に当たる。

② 中国人らが重大な被害を受けて、その後も種々の苦痛を受け続けたのに対して、西松建設は国家補償金取得により一定の利益を得ていること等によると、西松建設が消滅時効を援用して損害賠償義務を免れることは著しく正義に反し、条理にもとるので、西松建設の消滅時効の援用は権利の濫用として許されない。

として原告受難者・遺族らからの請求を認容し、西松建設に受難者・遺族らに対し各金

五五〇万円の支払いを命ずる判決をなしました。高裁段階で初めて受難者からの賠償請求を認めたのです。ここでも「条理」という言葉が使われています。

†最高裁で再び棄却に

しかし、西松建設からの上告を受理した最高裁第二小法廷（中川了滋裁判長、今井功判事、古田佑紀判事）は、二〇〇七年四月二七日、広島高裁が認定した受難者らの被害事実をそのまま踏襲した上で、「前記事実関係にかんがみて本件被害者らの被った精神的・肉体的な苦痛は極めて大きなものであったと認められる」と述べながらも、受難者らの請求権は、一九七二年九月二九日の「日中共同声明」第五項に「中華人民共和国政府は、中日両国国民の友好のために、日本国に対する戦争賠償の請求を放棄することを宣言する」とあることから、「日中戦争の遂行中に生じた中華人民共和国の国民の日本国又はその国民若《も》しくは法人に対する請求権は、日中共同声明五項によって、裁判上訴求する機能を失ったというべきであり、そのような請求権に基づく裁判上の請求に対し、同項に基づく請求権放棄の抗弁が主張されたときは、当該請求は棄却を免れない」と、受難者らの請求を棄却しました。

やや分かりにくいかもしれませんが、受難者らの損害賠償を求める権利については、日中共同声明五項で放棄されているので、裁判上の訴えは出来ませんよという意味であって、権利そのものが失われているという意味ではありません。

判決では、「日中共同声明」第五項の解釈をなすに際して、同声明は、一九五一年九月八日締結（一九五二年四月二八日発効）のサンフランシスコ講和条約の枠組内においてなされたものであり、同条約第14条で連合国及び連合国民と、日本国及び日本国民は互いに賠償請求権を放棄しているのだから、「日中共同声明」第五項もこれと同じように解釈されるべきだとしています。

しかし、これは間違いです。そもそも中華人民共和国は、サンフランシスコ講和会議から排除されており、「日中共同声明」がサンフランシスコ条約と同じ枠組にあるというのは無理があります。

また、条項上も「日中共同声明」第5項は、「中華人民共和国は……」としているのであって、サンフランシスコ条約のように、「連合国及びその国民の請求権」あるいは「日本国及びその国民の請求権」となっていません。

さらにサンフランシスコ条約にいう「国民の請求権の放棄」については、前述したように、日本政府自身が、放棄したのは請求権そのものでなく、外交保護権の放棄であるとしているからです。

最高裁第二小法廷判決の翌四月二八日、中国外交部報道官も、この判決は「中日共同声明」を正しく理解していないと批判しました。

†判決末尾で述べられた「付言」

(1) 当事者間の自発的解決を求めた「付言」

最高裁第二小法廷判決は、前述のように受難者からの請求を棄却したものの、その「付言」という形で以下のように述べました。

なお……個別具体的な請求権について債務者側において、任意の自発的対応をすることは妨げられないところ、本件被害者らの蒙った精神的・肉体的苦痛が極めて大きかった一方、上告人(西松建設—筆者注)は前述したような勤務条件で中国人労働者らを強制労働に従事させて相応の利益を受け、更に前記の補償金を受領しているなどの諸般の事情にかんがみると、上告人を含む関係者において、本件被害者らの被害の救済に向けた努力をすることが期待されるところである。

さすがに受難者らの蒙った被害の甚大さを無視できなかったのです。

なお、後に詳述するように、前記最高裁判決に見られた「付言」はこれが初めてのものではありません。この点については後に第6章で詳述します。

（2）「付言」に基づく和解

最高裁における敗訴判決後、中国人受難者・遺族らは、広島の支援者ら、そして全国からの支援を受けながら、西松建設に対し、前記「付言」に基づく解決を求める運動を展開してきました。

このような活動の結果、二〇〇九年一〇月二三日、西松建設と中国人受難者・遺族らとの間で和解が成立しました。

和解成立後、西松側代理人・高野康彦弁護士と共同記者会見に臨んだ受難当時の生存者・邵義誠《ショウギセイ》氏は、和解内容に不十分性は残るとしながらも、この問題解決のために取り組んだ西松建設の姿勢を評価するとともに、本和解が他の企業、日本国家による中国人強制連行問題の全面的な解決へのステップとなることを願うと声明しました。西松建設代理人・高野康彦弁護士も、

昨年来の弊社不祥事を踏まえ、新生西松建設となるべく、過去の諸問題について見直しを続けてまいりました。

その中の大きな課題として、強制連行の問題、最高裁判所判決の付言に対し、西松建設としてどうお応えしてゆくかの問題がございました。

この度、和解に至りましたが、中国人当事者及び関係者のご努力に感謝します。

と同社のコメントを発しました。

邵義誠氏は、同弁護士に対して、これまで闘ってきたが、今日からは互いに友人となるとして握手を求め、両者は固く握手をしました。文字通りの和解が成立した瞬間です。

当日の夕刊紙は、「強制労働和解　65年耐えて握手　原告「重要な一歩」」（朝日新聞）など、各紙が和解の成立を積極的に評価し、翌日の社説でも「政府は勇気ある行動を」（朝日新聞）、「国も向き合う時が来た」（北海道新聞）、「国の姿勢が問われる」（信濃毎日新聞）、さらに「国も歴史を直視し救済を」（愛媛新聞　一〇月二五日）、「過去の償い確かなものに」（西日本新聞　一一月二日）等々、強制労働問題の解決に向けて日本政府が積極的に動くべきだと主張しました。

一〇月二四日には、邵義誠氏らは広島に向い、二五日、広島市での報告集会を経て、二六日、受難した安野の現場を訪れました。

花を添え、地に中国から持参した酒を垂らし、この地で亡くなったかつての仲間たちに和解の成立を報告した邵義誠氏は、「これまでここを訪れると当時のことが思い出され涙が流れたが、今日は嬉しい報告に来たのだから泣かない」と語りました。

一九九三年八月三日、二人の生存受難者、呂学文氏と孟昭恩氏が、初めて来日して、西松建設に対し要求書を提出してから、一六年の歳月が経過していました。呂学文氏、孟昭恩氏もこの和解を迎えることなく、亡くなられましたが、その遺族たちが父親の思いを継承し、長年にわたって活動してきたのです。

†加害の事実を認め、歴史的責任を認識し、深甚なる謝罪

西松建設和解は、西松建設株式会社が申立人となって中国人被害者及びその遺族に対し、本件解決のために和解を申し出るという体裁をとっているところに特色がありました。

和解の内容は、前記最高裁第二小法廷判決「付言」を踏まえてなされました。以下、和解内容の骨子を具体的に述べてみましょう。

「申立人」とは西松建設、「相手方」とは、受難者・遺族のことです。

① 申立人の安野発電所事業所での労働のため強制連行された中国人三六〇名が受難したのは、「華人労務者内地移入に関する件」の閣議決定に基づく歴史的事実（以下、

「安野案件」という）であり、申立人は、これを事実として認め、企業としてもその歴史的責任を認識し、当該中国人生存者およびその遺族に対して深甚なる謝罪の意を表明する（第二条）。

② 申立人と相手方らとは、後生の教育に資するために、安野案件の事実を記念する碑を建立する。建立の場所としては、土地の所有者、管理者の許諾が得られることを前提として、（中国電力）安野発電所（敷地内）を、第一の候補地とする（第三条）。

③ 申立人は、第二条の受難者三六〇名とその遺族等に対し、一括した和解金として金二億五〇〇〇万円を支払う。この金額は、受難に対する補償に加え、未判明者の調査費用、前項の記念碑の建立費用、受難者の故地参観・慰霊のための費用、その他第二条の受難にかかわる一切の費用を含むものとする（第四条）。

④ 本件合意は、第二条の受難者にかかわるすべての懸案を解決するものであり、相手方らを含む受難者およびその遺族が安野案件について全ての懸案が解決したことを確認し、今後日本国内はもとより他の国及び地域において一切の請求権を放棄することを含むものである（第八条）。

「安野案件」というのは、本件強制労働の現場が広島太田川の上流、安芸太田町安野だったからです。西松建設は、他に新潟県信濃川の現場でも中国人を強制労働させていました。こちらの件も、本件広島安野和解の一年後に本和解と同趣旨の和解が成立しました。

第八条の「今後……一切の請求権を放棄」とあるのは、本和解に応じた受難者・遺族についてのものであり、和解に応じなかった受難者・遺族まで拘束するものではありません。これは法理論としては、当然なことなのですが、花岡和解では一部に誤解もありましたので、会社側代理人弁護士と受難者・遺族代理人弁護士である筆者の連名で作成した「本和解に関する確認事項」で、第八条の解釈として、「和解の法的拘束力が当事者間のみにしか及ばないのは当然である。相手方（受難者・遺族―筆者注）は未判明者を含め本件関係者に本和解の趣旨を徹底、説明し、信託という枠組みに参加するように働きかける責務を負うものである。この和解に応じられた方々には、本和解の趣旨が拘束力をもつことになるが、どうしても参加されない方について本和解がその方の権利を奪うという法的効果を持つことはない」と改めて確認をしました。

基本原則を踏まえた和解

戦後補償請求の解決をなすに際しては、

① 加害の事実及びその責任を認め謝罪する。

② 謝罪の証しとして経済的な手当（賠償・補償）をなす。
③ 将来の戒めのため歴史教育を行う。

この三点が不可欠です。

この観点からすれば、本和解は、前述したように第二条において西松建設が「事実を認め」「その歴史的責任を認識し」「深甚なる謝罪の意を表明」し、第四条において、金二億五〇〇〇万円の和解金を支出し、第三条において「後生の教育に資するために」記念碑を建立するとしている点で、前記三点を充たしているといえます。

また、先ほど述べた呂学文・孟昭恩両氏による一九九三年八月三日の要求書にも、完全ではないですが、応えているといえましょう。

本和解第五条は、前項第四条の事業を行うため、和解金を自由人権協会に信託することとし、同六条は、その事業の具体的遂行のために「西松安野友好基金」及び「西松安野友好基金運営委員会」を設置し、その運営委員会には西松建設側からも参加するとしています。

†チャンスを生かすことができたのは持続した運動があったから

二〇〇八年秋以降、小沢一郎民主党代表（当時）に対する西松建設の違法献金疑惑が明らかとなり、西松建設は長年にわたって社内を牛耳ってきた国沢ワンマン社長が解任されるなど、大幅な役員人事の入れ替えがありました。

同社は、社内コンプライアンス（法令遵守）を確立するために、社外委員会に検討を委託するなど、経営刷新に取り組んできました。

そのような流れの中で、最高裁判決によって、同社の法的責任は否定されたとして頑なな態度をとってきた西松建設は、二〇〇九年四月、その姿勢を改め、一転して話し合いによる解決を模索し、今日の和解に至ったのです。

小沢一郎違法献金疑惑問題が、本件解決の一つの契機となったのですが、それを解決に結びつけることができたのは、中国人当事者はもとより、広島そして東京など全国での日本人支援者らによる、西松中国人強制連行・強制労働問題の解決を求める十数年にわたる持続した運動があったこと、及び請求は棄却されましたが、受難者らの蒙った被害を詳細に認定した広島地裁判決、そして最高裁で破棄されたとはいえ、前記「付言」を引き出した広島高裁での原告勝訴判決があったからです。

なお前述したように翌二〇一〇年四月二六日には、西松建設信濃川でも和解が成立しました（一八三名。和解金一億二八〇〇万円）。

西松広島安野和解については、前述したように「政府も勇気ある行動を」（二〇〇九年一

〇月二四日　朝日新聞社説）等、各紙が好意的に評価し、読売新聞も、和解の事実を淡々と伝え、反対の意向は示していませんでした。

ただ、産経新聞は、藤岡信勝拓殖大学教授の「国と国との間では賠償責任がないとされ、最高裁も同様な判断をしている。国と国の合意を超えて、一企業が自分たちのイメージ戦略の一環として、和解を利用するのはおかしい」とのコメントを引用し、「今回の和解を機に、同様の動きが活発化することも予想される。確かに被害者への補償は重要かもしれない。その一方で、一企業、一個人の思惑で、国家間の取り決めがないがしろにされる事態も避けなければならず、冷静な対応が求められる」（同年一〇月二四日）と和解に疑問を呈していました。

†その後の和解事業の展開

（1）　中国人受難者・遺族との交流が続く

和解成立から一年後の二〇一〇年一〇月二三日、広島県西北部の山間の地、安芸太田町安野の中国電力安野発電所の一隅で、二胡の音色が静かに流れるなか、中国からの生存者五名を含む受難者・遺族ら四八名及び中国大使館員ら、国内外から多くの関係者の参列を得て、中国人受難者・遺族と加害者西松建設株式会社の連名で建立された「安野　中国人受難之碑」の除幕式と第一回中国人西松建設強制連行・強制労働受難者追悼式とが行われました。

碑の裏面には、中国語、日本語で以下のように記されました。

第二次世界大戦末期、日本は労働力不足を補うため、一九四二年の閣議決定により約四万人の中国人を日本の各地に強制連行し苦役を強いた。広島県北部では、西松組（現・西松建設）が行った安野発電所建設工事で三六〇人の中国人が苛酷な労役に従事させられ、原爆による被爆死も含め二九人が異郷で生命を失った。

一九九三年以降、中国人受難者は被害の回復と人間の尊厳の復権を求め、日本の市民運動の協力を得て、西松建設に対して、事実認定と謝罪、後世の教育に資する記念碑の建立、しかるべき補償の三項目を要求した。以後、長期にわたる交渉と裁判を経て、二〇〇九年一〇月二三日に、三六〇人について和解が成立し、双方は新しい地歩を踏み出した。

西松建設は、最高裁判決（二〇〇七年）の付言をふまえて、中国人受難者の要求と向き合い、企業としての歴史的責任を認識し、新生西松として生まれ変わる姿勢を明確にしたのである。

太田川上流に位置し、土居から香草・津浪・坪野に至る長い導水トンネルをもつ安野発電所は、今も静かに電気を送りつづけている。こうした歴史を心に刻み、日中両国の子々孫々の友好を願ってこの碑を建立する。

二〇一〇年一〇月二三日

安野・中国人受難者及び遺族

西松建設株式会社

加害と受難の歴史を記憶するためのものです。碑の両脇には受難者三六〇名の名を刻んだ小碑を配しました。碑の建立には地元安芸太田町、中国電力など各方面の協力がありました。

以降、二〇一七年一〇月の第一〇回（途中、なるべく早く来日を希望する遺族をお招きしようということで、春・秋年二回開催の年もあった）の追悼式に至るまで、「西松安野友好基金運営委員会」（中国側、日本側の各委員で構成し、西松建設も参加）は、判明した二四八名の受難者・遺族の方々（三六〇名中約六九パーセント）に補償金をお届けし、希望された方々一九九名の受難者・遺族を順次追悼式にお招きし、交流しました。

来日した受難者・遺族らは、毎回、追悼式終了後、強制労働の現場を巡り、改めて、過

毎　日　新　聞　　2010年（平成22年）11月9日（火）夕刊

文化

日中 真の戦後和解へ

強制連行の加害と受難刻み「記念碑」

内田 雅敏

昨年10月23日、西松建設中国人強制連行・強制労働事件について中国人受難者・遺族と西松建設の間で、同社が加害の事実、及びその歴史的責任を認め、謝罪し、補償金を支払うという和解が成立した。和解成立1周年を迎えた今年10月23日、生存者5名を含む中国人受難者・遺族ら40名及び中国大使館員ら、国内外から多くの関係者の参列を得て、広島県西北部の山あいの地、中国電力安野発電所の一隅で、二胡の音色が静かに流れるなか、慰霊式と記念碑の除幕式が行われた。

邵義誠さん（右から3人目）らが除幕した「安野　中国人受難之碑」＝広島県安芸太田町で、寺岡俊撮影

除幕された「安野　中国人受難之碑」には、受難者及び遺族と西松建設の連名により日本語と中国語で次のような碑文が刻まれた。

「第二次世界大戦末期、日本は労働力不足を補うため、（略）約4万人の中国人を日本の各地に強制連行し苦役を強いた。（略）安野発電所建設工事で360人の中国人が苛酷《かこく》な労役に従事させられ、原爆による被爆死も含め、29人が異郷で生命を失った（略）」

「中国人受難者は被害の回復と人間の尊厳の復権を求め、（略）長期にわたる交渉と裁判を経て、和解が成立し、双方は新しい地歩を踏み出した。西松建設は、（略）中国人受難者の要求と向き合い、企業としての歴史的責任を認識し、新生西松として生まれ変わる姿勢を明確にしたのである」

「太田川上流に位置し、（略）長い導水トンネルをもつ安野発電所は、今も静かに電気を送りつづけている。こうした歴史を心に刻み、日中両国の子々孫々の友好を願ってこの碑を建立する」

加害と受難の歴史を記憶するために被害者と加害者が「日中両国の子々孫々の友好を願って」建立した記念碑は、まさに和解を象徴するものだ。

「和解」という語を『広辞苑』で引くと、①相互の意思がやわらいで、とけあうこと、なかなおり。②〔法〕争いをしている当事者が互いに譲歩しあって、その間の争いを止めることを約する契約。示談――とある。

裁判上の和解は②の意味だ。中国人強制連行・強制労働は、歴史の清算の問題であり、その和解は、限りなく①に近づかなければならない。加害者と被害者の連名による記念碑の建立で、①の意味での和解に近づいたわけである。

除幕式で生存者の邵義誠氏は「故郷を遠く離れ、祖国を遠く離れた異国の地に、かつて強制連行され非人間的な労働を強いられた地に、ついに真実の歴史を刻んだ記念碑が建立されました。敢然と歴史的責任を認めて実際の行動で謝罪した新生西松建設に敬意を表します」と述べた。

西松建設も「改めてその歴史的責任を認識し、安野における360名の受難者およびその遺族に対して深甚なる謝罪の意を表明致し、『安野　中国人受難之碑』が日中友好協力関係のさらなる発展に寄与せんことを」とあいさつした。

記念碑建立には、敷地を提供した中国電力そして地元安芸太田町などの協力があった。

記念碑は、建立だけでは完結しない。維持管理を通じて和解の精神を若い世代に伝える作業が不可欠だ。中国人受難者・遺族らの西松建設に対する賠償請求を支えた「西松建設裁判を支援する会」は、「歴史事実を継承する会」に発展的解消をした。

中国電力の現場責任者は、遺族の一人から「父たちが作った発電所を末永く使って下さい」と話しかけられ、「大事に使います」と答えたという。こうした積み重ねによって、「受難之碑」は「友好之碑」となるだろう。

翌日、中国人受難者らは広島市の原爆資料館を訪れた。尖閣諸島問題を契機として日中双方の若者の間に「愛国」という「正義」のぶつけ合いと憎しみが醸し出されつつある現在、草の根の交流の大切さを痛感する。

（うちだ・まさとし＝弁護士、西松安野友好基金運営委員会委員長）

「毎日新聞」2010年11月９日夕付。毎日新聞社提供

酷な労働を強いられた当時に思いを馳せるとともに、翌日には原爆資料館を見学し、原爆被害の凄まじさに想像力を働かせ、慰霊碑に献花していただきました。原爆資料館ではボランティアの広島市民平和ガイドが案内してくれ、その中には広島大学博士課程に在籍する中国からの留学生もいました。

彼は、原爆資料館だけでなく、追悼式に参加した中国人受難者・遺族のために通訳としてずっと付き添ってくれています。

追悼式の中ではさまざまなエピソードがありました。

建設当時の発電所が現在も稼働していることを知った遺族の一人が、「父たちが作った、この発電所を、末永く使ってほしい」と、案内の中国電力の担当者に話しかけ、担当者は即座に「はい、大事に使わせていただきます」と答えたといいます。こういう話が、報告集会などで改まって話されるのでなく、案内の途中で、遺族がポツリと中国電力の社員に語り、そのやりとりを、こんなことがあったんですよと同行していた筆者にふと話しかけ、教えてくれたのです。

原爆資料館を見学したある遺族は、その日の夜の交流集会で、「感想は三つある。惨《むご》い、惨い、惨い」と発言しました。

一九四五年八月六日広島に、九日に長崎に原爆が投下された時、南京で、重慶で、シンガポールで、その他アジアの各地で、人々は、万歳を叫んだのです。「これで日本は敗れた！　アジアは解放された！」と。

その万歳を叫んだ人々の子供、孫が、原爆資料館を見学して、「惨い、惨い、惨い」と感想を述べたのです。

和解事業として行われる追悼式、原爆資料館見学などの活動は、草の根の日中友好運動の一端を担うものです。「このような活動を続けることによって、やがて「受難の碑」は「友好の碑」となるであろう」と、ある受難者遺族が語ってくれたことが忘れられません。《加害者は忘れても、被害者は忘れない》、繰り返しになりますが、歴史問題の解決のためには、被害者の「寛容」と加害者の「節度」「慎み」が不可欠です。私たちはこのことを肝に銘じて、加害の事実と向き合い続けねばならないと思います。

当初は記念碑の建立、追悼式への出席に慎重であった安芸太田町の小坂眞治町長も毎回出席され、来賓としての挨拶をしてくれています。そしてこの追悼式はずっと続けてほしいと言っておられます。地元の人たちも同様です。

†鈴木敏之・元広島高裁裁判長からの書簡

和解による解決の契機となった二〇〇四年七月九日の広島高裁勝訴判決の裁判長鈴木判

事も和解の成立をたいへん喜ばれ、広島高裁時代のことを楽しげに語られ、中国人受難者・遺族の代理人として、精力的に活動した故新美隆弁護士（花岡事件の代理人でもあった）をベタ褒めされました。

そして広島の支援団体が作成した和解報告書に以下のような一文を寄稿していただきました。

西松建設中国人強制労働事件判決の思い出

（前略）事件に対する筆者らの認識や思いといったものは、あの高裁判決にかなり正直に表れていると思いますので、ここで繰り返し申し上げるつもりはありません。（中略）

完成した判決を前にして、筆者らは、少し大げさに言えば、なし得ることはすべてなし終えたという達成感、充実感を持ち合い、歴史に残る判決に関わっているとの自負と高揚感を共有しあったものでした（両陪席裁判官や関係職員、特に主任裁判官の苦労が尋常なものでなかったことは、言うまでもありません）。

ですから、最高裁で、あのような理由で破棄されるとはおよそ予想していなかったというのが正直なところでした。

あの最高裁の破棄理由については、国際法学者をはじめとして多くの識者の間で色々論議されているところでもありますが、その点はともかくとして、筆者らの判決は、あの破棄理由の点を除いては、事実認定についても理由付けについても、最高裁によってことごとく支持して頂いたものと自負しています。(中略)

そして、「付言」を契機として、和解に向けた地道な努力が継続され、ついに成立に漕ぎ着けたものであることがその後の資料等から知ることができましたが、そこに至るまでの関係者のご努力、ご尽力には頭が下がります。

和解条項等も拝見致しましたが、周到な配慮がなされた素晴らしい内容のものであることに感銘を受けました。(中略)

戦後補償問題の解決が更に一歩前進したことを喜ぶとともに、歴史的な事件の裁判に関わることができたことを誇りに思うこの頃です。

平成二二年五月

鈴木敏之(東京簡裁判事。元広島高裁判事)

歴史的な事件に遭遇し、裁判官としての職責をよく果たしたという自負が感じられます。

判決に際しての陪席裁判官のみならず、書記官ら関係職員らの苦労までねぎらっているのは鈴木判事の人柄だと思います。鈴木判事とのお付き合いはその後も続くことになりました。

†日中国交正常化四〇周年の光景

二〇一二年は、一九七二年の「日中共同声明」による日中国交正常化から四〇周年、本来ならば、政治、経済、文化、あらゆる分野において、盛大に祝われる年になるはずでした。追悼式にも、当初、三十数名の中国人受難者・遺族が参加する予定でした。

ところが、石原慎太郎都知事（当時）の東京都による尖閣諸島（中国名・釣魚島、台湾名・釣魚台）購入発言を契機として、日中間に緊張が高まる中で、《日本に行くのが怖い》として十数名の中国人遺族が、来日を取りやめるという事態が生じました。

強制連行・強制労働問題を研究し、訪日団の顧問格として、毎回、受難者・遺族に付き添い来日していた大学教授も、今回は、大学当局から、行かない方がいいと言われ、訪日を断念しました。基金運営委員でもある彼は、来日できないことを大変申しわけながっていました。

このような時こそ、日中の民間人同士の交流が大切です。関係者の尽力により、これまでと同じく、中国から受難者遺族をお迎えし、地元安芸太田町、善福寺、中国電力、中国領事館、広島を中心とする各友好団体、及び全国からの個人の参加を得て、第五回追悼式を執り行うことができ、互いに友好と信頼を確認し合うことができました。もっとも遠方から来日したのは新疆《しんきょう》ウイグル自治区烏魯木斉《ウルムチ》市から参加した方で、北京に出るまでで、三〇時間かかったとのことでした。

原爆資料館の平和ガイドを務めた年配の女性が、遺族らに「皆さん、このような時期に、ようこそおいでくださいました。一生懸命ガイドさせていただきます」と語りかけたことが忘れられません。

†鈴木敏之・元広島高裁裁判長による献花

この二〇一二年秋の追悼式には、元広島高裁判決の裁判長・鈴木敏之氏も出席され、受難者遺族らと親しく交流されました。

鈴木氏は、この時点では、簡裁判事も定年退官され、弁護士登録をされていましたので、「もういいでしょう」と、筆者らが強くお誘いしたところ、出席されることになったのです。

「安野 中国人受難之碑」に献花し、しばし佇む元判事の姿を見て、筆者は、広島高裁判決が、裁判官としての良心に基づいて書かれたものであることを改めて思いました。

2012年10月20日、「安野　中国人受難之碑」に献花する鈴木敏之・元広島高裁裁判長（川見一仁撮影）

ていねいに時間をかけて合議し、心血を注いで書いた八年前の判決、それが最高裁で破棄はされたが「付言」を導き出し、「付言」を介して和解解決につながり、しかも和解の成立によって終わるのでなく、和解事業の遂行として、和解の内容をさらに深めながら、草の根の日中友好運動が地道に続けられていることに、感無量であったのでしょう。

鈴木敏之元判事は、朝日新聞の石橋英昭記者のインタビューに応えておられますので、その一部を引用しておきます。

――広島での追悼式に参加されました。

裁判官としての仕事を全部やり終え

た退官前後のころ、内田弁護士から誘いを受け、気持ちが動きました。

実は尖閣列島問題のあおりで、交流が中止になるのではと心配しました。

ところが懇親会で「和解の生みの親」と紹介され、挨拶をしたところ、中国人遺族に次々と記念撮影や握手を求められた。

乾杯と、酒を酌み交わす、何度も何度もやりました。本当に喜ばれましたね。私の挨拶で涙ぐんでいる遺族もいましたね。

こうした民間の日中親善がいつか実る日が来ると何人もが話した。（略）来てよかったなと思いました。

――「受難之碑」に献花されましたね。

（略）

裁判所で営々と進めた判断が、様々な経緯を経てこの形になったんだなあ、と。私たちは間違っていなかったと思いました。

碑文も良かった。西松建設と連名で作ったとのことですが、よくできている。短くもなく、長くもなくいい文章です。

碑を仰ぎ見て胸が一杯になり、すぐ直ることができない状況になり、おのずと長くなった。

司会をやっていた女性から「仰ぎ見ていた時間が長かったようですが、いろいろ思いがおありだったのですね」と言われ、また言葉が出なくなった。そのとおりなのです。答えると涙が出てしまうので、黙ってしまった。

――追悼式に参加された感想はどうでしたか。

感激して帰ってきました。（日中間が厳しい）この時期だからこそ行ってよかった。

（略）

和解といえばお金を支払うくらいで終わるのかと思っていましたが、運営委員会が歴史的な記念碑を作って、毎年何十人もの遺族を招待して、現地を見せて説明して、自分の親たち、祖父たちの苦労をしのばせる、それを地に足をつけて、莫大なエネルギーをかけて、営々とやってきた運営委員会の熱意、これは小さくないと思いますね。（『世界』二〇一三年一〇月号）

†安芸太田町長の挨拶

安芸太田町長も「……本日は当地を初めて訪れられる遺族の方もおられると思いますが、この碑が歴史を未来永劫後世に伝え、二度とこのような過ちを繰り返すことのないよう日中両国の友好がさらに発展し、平和の輪がより広くなることを強く願ってやまないところであります。……日中国交正常化四〇周年の今年、領土問題から日中関係が深刻化する事態となっており、両国経済への影響を強く懸念するところでありますが、両国政府間の対話により、速やかな平和的解決を強く望むところであります。……」と挨拶を述べられました。

離日前夜の交流会、中国人受難者遺族らは、口々に、来日してよかったと述べ、日本側との友情を誓い合いました。

交流会の席上で「受難之碑」を建立した地元石材店の吉村政則社長は、「生涯の記憶に残る大きな仕事をさせていただきました。毎回追悼式に参加させていただき、皆さんのお話を聴かせていただく中で、石の大きさ、重さもさることながら、日中友好という、もっと大きな仕事に参加させていただいていることを自覚するようになり、感激の種類も変ってきました。本当に感謝しています」と挨拶しました。

こうした取り組みが日中双方の社会において、広く伝えられ、そのことが、現在のような厳しい日中関係を変える大きな力となることを心から願います。

三菱マテリアル（旧三菱鉱業）も和解へ

†過ちて改めざる、これ過ち

「過ちて改めざる、是を過ちという」――二〇一六年六月一日、北京で締結された三菱マテリアル社中国人強制連行・強制労働事件和解において、同社の業務執行役員・木村光氏が、同社を代表して、中国人受難者・遺族らを代表した閻玉成（八六歳）、張義徳（八八歳）、闞順（九五歳　娘が代理出席）氏ら、生存受難者に対して述べた「謝罪文」のなかの一節です。

生存受難者らは、同社の「謝罪を誠意あるものとして受け入れ」（和解書第一条）、「私たちは、中国人労働者の強制連行を主導した日本政府、ならびにその他の多くの加害企業が依然として歴史事実を無視し、謝罪を拒む状況下で、三菱マテリアル社が歴史事実を認め、公開謝罪する姿勢を積極的に評価する」と述べました。

調印後に行われた記者会見で、閻玉成氏は、「和解を喜んでいる。目を将来に向けて、(日本側と)互いに平和的に共存したい」と述べられました。

三菱マテリアル社の「謝罪文」は、以下のように述べています。


第二次世界大戦中、日本国政府の閣議決定「華人労務者内地移入に関する件」に基づき、約三万九〇〇〇人の中国人労働者が日本に強制連行された。弊社の前身である三菱鉱業株式会社及びその下請け会社(三菱鉱業株式会社子会社の下請け会社を含む)は、その一部である三七六五名の中国人労働者をその事業所に受け入れ、劣悪な条件下で労働を強いた。

また、この間、七二二人という多くの中国人労働者が亡くなられた。本件については、今日に至るまで終局的な解決がなされていない。

「過ちて改めざる、是を過ちという」。弊社は、このように中国人労働者の皆様の人権が侵害された歴史的事実を率直かつ誠実に認め、痛切なる反省の意を表する。

また、中国人労働者の皆様が祖国や家族と遠く離れた異国の地において重大なる苦痛及び損害を被ったことにつき、弊社は当時の使用者として歴史的責任を認め、中国人労働者及びその遺族の皆様に対し深甚なる謝罪の意を表する。

併せて、お亡くなりになった中国人労働者の皆様に対し、深甚なる哀悼の意を表する。

「過去のことを忘れずに、将来の戒めとする」弊社は、上記の歴史的事実及び歴史的責任を認め、且つ今後の日中両国の友好的発展への貢献の観点から、本件の終局的・包括的解決のため設立される中国人労働者及びその遺族のための基金に金員を拠出する〔和解合意書第一条（謝罪）〕。


調印式の終了に際し、生存受難者ら及び同社は、強制連行され、遠く異国の地で亡くなった、そして故国に帰ったが本和解の成立を待つことなく亡くなった受難者らに、思いを馳せ、黙禱しました。

この黙禱は、調印式当日の朝になって筆者が提案したものですが、既に調印式のスケジュールがこまごま決められていたなかで、三菱マテリアル社がよく応じてくれました。

筆者としては、中国人受難者に対する思いだけでなく、この問題の解決に尽力しながら、和解の日を見ることなく亡くなった日中両国の人々に対する思いもありました。

和解契約締結後、三菱マテリアル社が、報道各社に発したプレスリリースは、本件和解の概要を説明した上で、以下のように述べています。

当社は、本日の和解に関する調印式で、歴史的責任に対し真摯かつ誠実な謝罪の意を表明し、三名の元労働者の方々に、これを受け入れて頂きました。（中略）
本件につきましては、過去、当社関係で五つの日本国内訴訟が提起されました。何れの訴訟も元労働者側の請求を棄却するとの決定が下され、確定しております。しかしながら、判決においては、旧三菱鉱業の事業所において、元労働者の方々が本人の意に反して苦労を強いられたということが事実として認定され、また、「本問題を解決するよう努力するべき」との付言がありました。
当社は、これらを真摯に受け止め、協議を続けた結果、合意に至りました。なお、元労働者やそのご遺族の方々を支援する団体からも、本和解への賛同と、和解事業に協力する意思を表明していただいております。当社は、和解事業によって、元労働者及びそのご遺族の方々との包括的かつ終局的な解決を図ってまいりたいと考えております。

和解に際しての三菱マテリアル社の真摯な姿勢が垣間見られるものです。
歴史問題を巡る和解は、加害の事実に向き合うところから出発しなければなりません。そして一人でも多くの受難者が健在な間にこそなされなければなりません。和解を知らされた遺族が、父があるいは祖父が「生きていたらさぞかし喜んだでしょう」と語ったとしても、それでは「和解」の価値は半減してしまうのです。

三菱マテリアル社の社外取締役を務める外交評論家の岡本行夫氏（外務省北米一課長を経て退官、橋本首相、小泉首相の下で首相補佐官）は、米国人元捕虜に関してですが、二〇一五年一一月五日、朝日新聞のインタビューに答えて以下のように述べています。

「この夏、社外取締役を務める三菱マテリアルの代表団に加わり、第二次世界大戦中に日本の鉱山で強制労働させられた米国人の元捕虜らと面会し、謝罪しました。元捕虜たちは「謝罪しに来てくれた日本人の勇気に敬意を表する」と米国のメディアに発表してくれた。「和解は被害者本人が生きている時でないと」と、強く思いました」

本当にそう思います。戦後補償問題の解決は「時間との闘い」でもあります。残された時間はもう余りありません。

「運営委員の皆様、中国での調査で、本日、生存者を探し出しました。名簿番号九〇番の于振科さん、八七歳です。お元気なようです。生存者に和解を知らせることが出来るのは嬉しいことです。ご報告まで」、二〇一〇年三月、西松安野友好基金運営委員の一人、広島の川原洋子氏からの喜びに満ちた連絡です。

†花岡、西松和解の延長上の和解

三菱マテリアル社の前身三菱鉱業株式会社は、美唄炭鉱（北海道）二八九九人、大夕張炭鉱（同）二九二人、尾去沢鉱山（秋田）四九八人、勝田炭鉱（福岡）三五二人、飯塚炭鉱（同）一八九九人、高島炭鉱新坑（長崎）二〇五人、同端島坑二〇四人、同崎戸坑四三六人、槇峰鉱山（宮崎）二四四人の九事業所に、計二七〇九人を強制連行し、強制労働させました。

長崎市の端島海底炭鉱は、その異形な形から「軍艦島」として有名です。

同社はその他にも下請として、大夕張・地崎組（北海道）三八八人、雄別・土屋組（同）二五三人、美唄・鉄道工業（同）四一五人、併せて、三七六五人を強制労働させました。

その内、日本の敗戦までに七二二人（船中死亡一一人を含む）が亡くなりました。

これらの炭鉱、鉱山では、「強制連行」された朝鮮人も働かされていました。軍艦島で強制労働に従事させられていた某有名女優の父親は、その厳しい労働に耐えかね、海に飛び込んで逃亡し、材木にしがみつきながらかろうじて対岸に流れ着き、土地の人に助けられた顛末を手記に綴っています。

軍艦島などの産業遺跡は、二〇一五年、ユネスコの世界文化遺産に登録されましたが、このような苛酷な奴隷労働の歴史こそ知られなくてはならないと思います。

三菱マテリアル社は、謝罪の証として、中国人受難者・遺族に対し、一人あたり金一〇万元（約一七〇万円）の和解金を支給し、さらに「二度と過去の過ちを繰り返さないために、記念碑の建立に協力し、この事実を次の世代に伝えていくことを約束する」として、事業場等での「受難の碑」建立の費用、中国からの受難者・遺族を日本にお招きしての追悼事業費（一人あたり金二五万円）、受難者・遺族及び基金の調査費を別途支給することとしました。

前述したように戦争被害に関し、被害者と加害者がなす「和解」では、

①加害者が、加害の事実と責任を認め、被害者に謝罪する、
②謝罪の証として被害者に和解金（それは実損害でなく、あくまで「気持ち」）を支給する、
③将来、同じ過ちを犯さないよう歴史教育、具体的には、受難碑の建立、受難者追悼事業等を行う、

の三つが不可欠です。

本和解も、このような考え方に基づいてなされたものであり、その意味では、三菱マテリアル和解は、これまで述べてきた花岡、西松和解の延長上において成立したものです。

長崎市の「軍艦島」

以下で、その和解までの経緯を詳しく見ていくことにしましょう。

✝交渉→裁判→交渉の経緯をたどる

(1) グループごとの交渉から統一交渉へ

中国人受難者・遺族らと三菱マテリアル社との交渉経緯は長いものがありました。まず、交渉があり、これが拒否され、長い裁判闘争がありました。

裁判所は、強制連行・強制労働の実態には迫りながらも、「国家無答責任」、「時効」、「除斥期間」などの法理によって、のちには「日中共同声明」に基づく請求権の放棄等の論理によって、中国人受難者・遺族らからの請求を退けてきました。

その結果、日本における裁判は、すべて受難者・遺族らの敗訴、門前払いで終わりました。原告敗訴判決は、請求自体は棄却しながらも、その多くは強制連行・強制労働の事実認定はしています。これが裁判官による「付言」を導き出すことになったのです。

裁判終了後も、受難者・遺族らは、日本側支援者の助力を得ながら、三菱マテリアル社に対する要求を維持し、同社との「交渉」を継続してきました。

筆者の関与した長崎三島の炭鉱(高島、端島、崎戸)グループは、代表の故本島等・元長崎市長が老齢をおして、車いすで三菱マテリアル社本社に乗り込み、何度も何度も粘り強く交渉しました。

同社は、私たちとの面会の拒否はしませんでしたが、この問題に関するもう一方の当事者である日本政府が賠償に応ずるならば、同社も応ずるという態度に終始し、交渉は実りあるものではありませんでした。

このような事態を打開するために、二〇一一年一一月、これまでいくつかのグループに分かれていた交渉団が、大同団結し、三菱マテリアル社と定期的な交渉を行うに至りました。

ところが、この段階でも、同社の対応は、鈍かったのです。前述したように同社は、日本政府も和解に乗り出すことを本件解決の前提とし、かつ、同社の強制労働によるすべての受難者・遺族がまとまって解決することが条件であると繰り返していました。

しかし、二〇一三年秋頃より同社の対応にも若干の変化が見られるようになりました。同社の従来の主張であった、日本政府の同調という要件が少しずつ緩和され、中国人受難者・遺族の統一、すなわち全体解決による法的安定性が強調されるようになったのです。

二〇一三年一二月一二日、中国人受難者・遺族らは、「第二次世界大戦中国人労働者三菱被害者代表団」の名に於いて、三菱マテリアル社に対し、強制連行・強制労働についての謝罪と、受難者・遺族一人あたり一〇万元（当時、約一七〇万円）の賠償金支払い、歴史の教訓とするための記念碑の建立などを求める統一要求書を提出しました。だが交渉はなお遅々として進みませんでした。

（2）康健弁護士による提訴と和解の進展

ところが、三菱マテリアル社は、二〇一四年四月頃から、本件和解解決に向けて積極的に動くようになりました。

同社の対応の変化は、同年二月二六日、中国の康健弁護士が、同社に対し強制連行・強制労働についての謝罪と受難者・遺族一人あたり一〇〇万元の賠償を求めて、北京市第一中級人民法院に提訴し、同年三月一八日、これが受理されたことによるものでした。

これまで中国政府は、強制連行・強制労働問題、慰安婦問題、毒ガス放置問題などの三つについては、戦争遺留問題として適切な解決がなされることが望ましいと述べてはきましたが、中国国内での提訴については、これを受理しないとする態度をとっていました。

それが受理されたのは、尖閣諸島、竹島などの領土問題、従軍慰安婦問題、二〇一三年一二月二六日の安倍首相の靖國神社参拝問題等による中国国内での急激な反日感情の高まりが原因です。

尖閣諸島の都購入計画→国有化構想で中国を挑発した石原都知事（当時）、先の戦争をアジア解放のための戦いであったとする「聖戦」史観に立つ靖國神社参拝に踏み切った安倍首相の責任には重いものがあります。もちろん、その挑発に待ってましたとばかりに乗っかって、反日を煽った中国の軍拡派の存在もあったことも付け加えておかなければならないでしょう。

†花岡、西松をはるかに超えた和解が実現

筆者はこれまで、中国人強制連行・強制労働問題に関し、鹿島建設の花岡和解（二〇〇〇年）、西松建設広島安野和解（二〇〇九年）に関与してきました。

花岡和解は、裁判所の尽力による和解、新村正人裁判長の見識です。西松建設広島安野和解は、最高裁判決の付言に基づき、被害者、加害者両当事者間の自発的な交渉によってまとめられ、それを加害者たる西松建設が中立人となって裁判所に持ち込んでの和解、西松建設代理人高野康彦弁護士の果たした役割は大きかったです。

そして、三菱マテリアル和解は、西松和解の延長上で、当事者間の自発的交渉によってまとめた上で、会社の責任者が北京に行き、直接受難者本人に謝罪し、和解を成立させたのです。三菱マテリアル側弁護士の尽力及び会社幹部の合理的思考があればこそ成立した和解です。

三菱マテリアル和解は、以下のように、前二者をはるかに超えた内容のものとして実現

することになりました。

① 三菱鉱業本体の事業場だけでなく、下請先も含む三七六五人を対象とした（花岡九八七人、西松広島安野三六〇人、同信濃川一八〇人）。

② 謝罪内容において「過ちて改めざる、是を過ちという」と踏み込み（三菱は自発的にこの語句を使用した）、しかも会社の責任ある立場の者が中国に赴き、直接、生存受難者に対し謝罪し、和解金を支給した。西松建設和解でも、西松建設の謝罪があり、そのうえで、受難者本人との握手もあったが、しかし、握手したのは、西松建設側弁護士であり、会社幹部ではありませんでした。

③ 和解金の額がこれまでの和解金額を大幅に超えた。

④ 和解金の内訳（使途）が明確に示されている。

等々に於いて大きく前進したものです。

とりわけ④については、今後、他社について同様の問題の解決がなされる場合の先例となるものと言えましょう。

花岡、西松の和解では、基金委員会が、受難者・遺族全員分として、和解金を受け取り、その範囲内で、受難者・遺族への和解金の支給、記念碑建立費、追悼事業費、調査費、基金維持費用等のすべてをまかなってきました。

そこでまず問題となったのは、受難者・遺族が何名判明するかということでした。花岡では約五〇パーセント、西松安野では七五・三パーセントの受難者・遺族が判明しました。

これらの予測を立てながら、受難者・遺族らに、まずいくらの額を支給するか、追加支給はあるか等々を検討してきました。

ところが三菱マテリアル社の和解では、受難者・遺族への支給金額、記念碑建立費、追悼事業費、調査費、基金管理費等が細かに決められており、受難者・遺族へは一人あたり一〇万元がそっくりそのまま支給されます。

この方式は今回初めての試みですが、和解事業の経済的透明性を担保することになり、好ましいものです。

†三菱マテリアル和解が拓く展望

前述したように三菱マテリアル社との和解は、これまでの花岡和解、西松和解の延長線上でなされたものであり、その規模、内容においても、前二者をはるかに超えたものとなっています。

中国人受難者・遺族、三菱マテリアル社、そして支援者等の共同による和解事業の遂行を通じて、その内容をもっと、もっと豊かなものにすることができるでしょう。

一九七二年の「日中共同声明」による国交正常化に至るまでは、日中両国のあいだには長い「民間の交流」の歴史がありました。

同年九月二五日、当時の田中首相は周恩来総理との最初の会見に際し、「私は今日、長い民間交流のレールに乗って、ようやくここに来られました」と述べたといいます。

三菱マテリアル和解は、強制連行・強制労働の受難者・遺族に対する謝罪と慰藉を目的とするものでありますが、同時に、その和解事業の遂行を通じて民間の日中友好交流の一端を担うことになるでしょう。

同時に、本件和解は、中国人強制連行・強制労働問題の全体的解決、すなわちドイツ型の「記憶・責任・未来基金」に向けての、大きな一歩となることが期待されます。

翻って、我が国、日本政府はどうでしょうか。まったく何もしていません。

本件強制連行・強制労働が、一九四二年、東條内閣の閣議決定により、国策としてなされたものであることはすでに述べたとおりです。強制労働をさせた企業が責任を負いながら、もう一方のそれも主役たる当事者である日本国家が責任を負わないのは正義に反します。

三菱マテリアル社和解も、その規模に於いて花岡和解、西松建設和解をはるかに超え、同様な問題を抱える他社に与える影響は不可避ですので、後述するドイツにおける「記償・責任・未来」基金のようなものになる可能性を秘めています。

†平和資源として活かそう

今、この国では、集団的自衛権行使容認の閣議決定・安保法制の強行採決によって、これまでの専守防衛という安全保障政策の根幹が変更されました。

日中関係など安全保障をめぐる環境の変化ということが声高に語られます。しかし、安全保障を考える際に重要な要素は、抑止力ではありません。それ以上に大切なことは、隣国に対する「安心供与」、即ち、隣国が信頼するような国柄であるかどうかということです。

韓国についても同様です。本書の冒頭で述べたように、日本と韓国との間に横たわる植民地支配の未清算の問題を解決しない限り、日本と韓国の間で真の友好を成立させることはできません。

隣国から信頼されるためには何が必要か。さまざまな要素がありますが、その重要な要素の一つをドイツとフランスとの関係に見ることができます。それは、その国に歴史に真摯に向き合う姿勢があるかどうかということです。

三菱マテリアル和解は、日本にもこのような歴史に向き合う企業がある、このような和解を担う市民たちがいるという安心感、信頼感を中国側に与え、日中の安全保障をめぐる環境整備に大きな役割を果たすものとなるでしょう。

「日中共同声明」の前文には、「両国間の国交を正常化し、相互に善隣友好関係を発展させることは、両国国民の利益に合致するところであり、またアジアにおける緊張緩和と世界の平和に貢献するものである」とあります。

前にも紹介した栗山尚一・元駐米大使の論稿「和解――日本外交の課題」でも、「近隣諸国（具体的には中国、韓国、そして将来は北朝鮮）との和解は、日本外交にとって未解決の重要課題である。何故ならば、日本の安全保障上、地政学的に死活的重要性を有する東アジアの平和と安定に欠かせない要素であるばかりでなく、より具体的には二一世紀の国際社会における日本という国の姿を規定する問題だからである」と述べられています。

韓国人元徴用工問題も、西松建設、三菱マテリアルが和解に踏み切るに際し、手掛かりとした判決「付言」の精神――すなわち、被害の重大性を考えると当事者間の自発的な解決が望まれる――に則って、和解によって解決されるべきです。

歴史問題の解決は、勝ち負けという判決では恨みが残ります。

広辞苑の「和解」についての解説、

① 相互の意思が和らいでとけあうこと　なかなおり

② （法）争いをしている当事者が互いに譲歩しあって、その間の争いを止めることを約することによって成立する契約

に倣《なら》えば、西松建設和解、三菱マテリアル和解は、互いに譲歩して争いをやめるという②の和解から本来の意味における①の和解に近づきつつあると思います。

二〇〇九年一〇月の西松建設広島安野和解に直後、筆者は、雑誌『世界』（二〇一〇年一月号）で、ドイツ現代史専攻佐藤健生拓殖大学教授、戦後補償問題を考える弁護士連絡協議会事務局主任高木喜孝弁護士、中国人強制連行強制労働全国弁護団団長代行森田太三弁護士らと「中国人強制連行問題　戦後補償をどう実現するか」と題し、座談をしました。今、読み返してみて、以下の箇所をしみじみと感じます。

内田　今回の和解を通じて、戦後補償問題については和解で解決していくと云う方法も積極的な意味があるのではないかと、思いました。もちろん中国人戦争被害者の請求権は放棄されたとする最高裁判決は不当なものであり、この判決を変えさせてゆく努力は続けないといけません。しかし、裁判でどうにもならなくなったから、和解を求めるというのではなく、こういう解決も一つのありうる方法なのではないかと思ったのです。

今回、記者会見で、双方が出席して握手しましたが、裁判での判決であればこう云うことはありえない。和解だからこそ、握手ができたのです。

その他の事例、例えば労働事件などでも、判決で勝っても本当に職場復帰できるのは、やはり何らかの会社側との話し合いや妥結があって、和解的な状況にならなければ難しいということがあります。裁判でだめだから和解交渉、ということではなく、こういう歴史の問題は和解によって解決していくことに積極的な意味を持ちうるのではないかと感じています。

高木　この問題は、解決の在り方として、本来、政治解決を志向していく本質があると云うことですね。……

この座談会は、和解直後、まだ追悼碑も建立されておらず、具体的な和解事業も始まっていない段階でのものですが、今、改めて読み返してみて、この「予感」を具体的に実践していったのが西松安野の和解事業であったのだなと思いました。当時、裁判を担当した、元裁判長が、花岡や、広島安野の追悼式に参加し、受難者・遺族らと交流するようなことは想像だにしていませんでした。和解だからこそ可能になったのでしょう。

†新聞、テレビ等メディアの評価

二〇一六年六月一日に締結された三菱マテリアル和解については、同日夕刻のテレビニュース、新聞夕刊、翌日の朝刊等で各紙が大々的に報じました。

新聞は、後述するように読売新聞、産経新聞を除いて朝日、毎日、日経等の全国紙はもちろんのこと、各ブロック紙、地方紙もみな、和解を歓迎しました。ちなみに各紙の社説の見出しを見ると、以下のとおりです。

「歴史の責任を果たす和解」（六月三日　毎日新聞）
「過去を直視した三菱マテ和解」（六月三日　日経新聞）
「中国強制連行　意義ある和解の決断」（六月六日　朝日新聞）
「中国人強制連行和解　風化にあらがう努力も必要」（六月三日　河北新報）
「強制連行和解　評価できる歴史的な合意」（六月　西日本新聞）
「強制連行和解　加害に向き合う姿勢こそ」（六月三日　信濃毎日新聞）
「戦後処理加速の契機に　強制連行和解」（六月七日　長崎新聞）

このうち「歴史の責任を果たす和解」と題した毎日新聞の社説が、この問題をめぐる和解の経過も押さえた上で述べており、もっとも明快です。

……戦争末期、過酷な労働状況に耐えかねた中国人労働者が蜂起し、弾圧された秋田の花岡事件では二〇〇〇年に東京高裁で被害者と鹿島（旧鹿島組）との和解が成立した。〇九年には広島県に強制連行された労働者と西松建設との和解も実現した。西松建設の和解は〇七年の最高裁判決がきっかけだ。中国国民の賠償請求権は七二年の日中共同声明で「裁判上訴求する権能を失った」と初の判断を示し、請求を退ける一方、強制連行の事実や劣悪な労働環境を認め、同社に「被害の救済に向けた努力」を求めたからだ。

三菱マテリアルは昨年、旧三菱鉱業の鉱山で米国人捕虜を働かせたことを認め、元捕虜に謝罪するなど歴史の清算に動いてきた。日本政府は賠償問題は決着済みとの立場だが、企業の自主判断による和解は最高裁が求める「被害救済」の精神に沿ったものだ。

今回の和解では同社が歴史的責任を認めて謝罪し、基金や記念碑の建立のほか、判明していない被害者や遺族の所在調査にも協力する。全員との和解には時間がかかるだろうが、和解を受け入れた被害者は同社の姿勢を評価している。誠意は他の中国の人たちにも伝わるはずだ。……

このような和解を歓迎する論調に対して、二〇一六年六月六日付けの読売新聞社説は、

「三菱マテ和解　形を変えた中国の揺さぶりか」というタイトルで、「日本企業を相手取った新たな訴訟や賠償請求の動きが中国で広がらないか、懸念される」と述べました。一六年前に花岡和解に際して、「被害者全員を一括救済した今回の和解は、戦後補償訴訟の中でも事件を全面解決した点で、前例のない画期的なものだ」と好意的に報じたのとはずいぶん違います。

同じく六月五日付けの産経新聞「主張」も、「三菱マテ「和解」　政府は容認しているのか」というタイトルで、「理解できないのは「民間の問題」として、これを容認するかのような日本政府の対応である。戦後補償問題は、個人補償を含め法的に解決済みだ。この原則を崩してはならない」と述べています。

これらの論調には、被害者に対する視点がまったく欠落しています。

第6章 判決の「付言」に見る裁判官たちの苦悩

†「付言」の系譜をたどる

西松建設についての最高裁判決に見られた「付言」は初めてのものではありません。以下、付言の系譜について見てみましょう。

その前に、そもそも「付言」とは何かについて説明する必要があると思います。判決文は「主文」と「理由」から成ります。「被告人を懲役○年に処する」、「被告人は無罪」、これが刑事裁判の「主文」です。民事裁判では「被告は原告に対し金○円を支払え」、「原告の請求を棄却する」、という具合になります。ところが判決言い渡しに際しては、裁判官が、「主文」「理由」以外のことを話す場合がります。刑事裁判では、裁判官が、判決言い渡し後に、被告人に、まじめに刑に服し、更正するように諭すケースがよくありますが、これが「付言」です。たいていは口頭だけで判決文に書かれることは有りません。民事裁判でも、この「付言」がなされる場合があります。刑事裁判の場合と同様、口頭が多いのですが、判決文に書かれる場合もあります。内容は、刑事裁判の場合とは違って諭すようなものでなく、法律の不備、政府の無策等を指摘する場合が多いです。

（1）政治の貧困を嘆いた付言

付言の第一号は、一九六三年（昭和三八年）一二月七日、東京地方裁判所が、原爆訴訟の判決に際して、被爆者たちの請求を棄却しながら、政治の貧困を嘆いた付言です（二〇一頁参照）。

この判決の後に、一九六八年の原爆特別措置法（手当制度の創設など）の制定→被爆者援護法などに発展していきました

（2）台湾人元日本兵補償請求事件判決の「付言」

台湾人元日本兵が、日本の軍人・軍属が「戦傷病者戦没者遺族等援護法」によって補償を受けているのと同じように、自分たちも「日本兵」として戦場に駆り出されたのであるから補償を求めるとした国家賠償請求訴訟において、一九八五（昭和六〇）年八月二六日、東京高裁（吉江清景裁判長）は、補償立法がなされていない以上、憲法一三条（幸福追求の権利）、同一四条（法の下の平等）などの条項により直接補償を求めることはできない

として、台湾人元日本兵らの請求を棄却しました。

しかし、以下のようにも付け加えました。

「ただ、現実には、原告らがほぼ同様の境遇にある日本人と比較して著しい不利益をうけていることは明らかであり、しかも戦死傷の日から既に四〇年以上の歳月が経過しているのであるから、予測される外交上、財政上、法技術上の困難を超克して、早急にこの不利益を払拭し、国際信用を高めるよう尽力することが国政関与者に対する期待であることを特に付言する」

裁判所はこの付言によって、国に対し「著しい不利益明白　国は救済を急げ」（同年八月二七日付け朝日新聞朝刊一面トップの見出。産経新聞も含め他の全国紙もほぼ同様）と、厳しく注文を付けたのです。

この付言が契機となって、自民党の議員らを含む超党派の議員立法により、一定の解決が図られました。

（3）各判決の「付言」に見る裁判官の苦悩

①　受難者・遺族らの請求を退けた西松建設第一審の広島地裁（矢延正平裁判長）判決

も、その末尾において以下のように述べました。

「長年にわたり不本意ながら権利行使の道を事実上閉ざされていた事情等をも合わせ鑑みると、その無念の心情は察するに難くないが、前記判示のとおり被告の法的責任は消滅したものと解するほかはない。

もっとも、法的責任は消滅しても、道義的責任が消滅する理由はないから、道義上の観点からすれば、ドイツの企業連合による強制労働賠償基金の設立やいわゆる花岡事件における和解等は、本訴との関係において示唆に富む。

また、本訴口頭弁論期日において証人田中宏（龍谷大学経済学部教授）がその証言の際に表明した関係被害者に対する救済、慰藉、鎮魂のための措置に関する提言も傾聴に値する」

二〇〇二年七月九日付けの判決です。

他にも同種の強制連行・強制労働事件で、裁判所が中国人受難者らの請求を棄却しながらも、被害の回復のために、国に措置を求めた判決はいくつかあります。以下、そのうちのいくつかを東京弁護士会所属・松岡肇弁護士のまとめにより紹介しましょう。

② 二〇〇六（平成一八）年三月一〇日、長野地裁（T裁判長）は、判決言渡し後、口頭で以下のように述べました。

「平成九年一二月提訴から八年かかったことを、まずはお詫びします。次に、和解について成立できなかったことを残念に思い、お詫びします。

自分は団塊の世代で全共闘世代に属するが、率直に言って私たちの上の世代は随分ひどいことをしたという感想を持ちます。

裁判官をしていると、訴状を見ただけでこの事案は救済したいと思う事案があります。この事件もそういう事件です。一人の人間としては、この事件は救済しなければならない事件だと思います。心情的には勝たせたいと思っています。しかし、どうしても結論として勝たせることができない場合があります。

このことには個人的葛藤があり、釈然としない時があるのです。最高裁の判決がある場合には、従わざるを得ません。判決を覆すにはきちんとした理論が立てられないとやむを得ません。この事案だけに特別の理論を作ることは、法的安定性の見地からできません。この事件は事実認定をしなくても判決は書けますが、この事件で事実認定をしないことは忍びないので、事実認定をすることとしました。本件のような戦争被害は、裁判以外の方法で解決できたらと思います」

③　二〇〇七（平成一九）年三月二六日、宮崎地裁（徳岡由美子裁判長）判決

「このように、被告らの法的責任は時の経過により消滅したと言わざるをえないものであるが、当裁判所の審理を通じて明らかになった本件強制連行・強制労働の事実自体は、永久に消え去るものではなく、祖国や家族らと遠く離れた異国宮崎の地で原告らが当時心身に被った深刻な苦痛や悲しみ、その歴史的事実の重みや悲惨さを決して忘れてはならないと考える。

そして、当裁判所の認定した本件強制連行・強制労働の事実にかんがみると、道義的責任あるいは人道的責任という観点から、この歴史的事実を真摯に受け止め、犠牲になった中国人労働者についての問題を解決するよう努力していくべきものであることを付言して、本件訴訟の審理を締めくくりたいと考える」

④　二〇〇七（平成一九）年八月二九日、前橋地裁（小林敬子裁判長）は、判決言渡し後、

口頭で以下のように述べました。

「原告らは、敵国日本に強制的に連行され、劣悪で過酷な労働により被った精神的・肉体的な苦痛は誠に甚大であった。

原告らの請求は、日中共同声明第五項に基づいて棄却せざるを得ないが、最高裁判決も述べるとおり、サンフランシスコ平和条約のもとでも原告らの請求に対して債務者側が任意に自発的に対応することは妨げられないのであるから、被害者らの被害の救済に向け自発的な関係者による適切な救済が期待される」

⑤ 二〇〇九（平成二一）年三月二七日、福岡高裁宮崎支部（横山秀憲裁判長）は、判決言渡し後、口頭で以下のように述べました。因みに、この横山秀憲裁判長と筆者は、司法研修所（二七期）で同じクラスでした。

「事案が人道に関する深刻なものであり、請求権が放棄されたと判断されるとはいえ関係者の道義的責任を免れないものであり、このことは平成一九年四月二七日の最高裁判所判決及び福岡高裁の和解所見にも示されたとおり、被害弁償によって解決すべきであると判断したものであります。
当裁判所も和解に向けた努力をして参りましたが、現在に至るも解決するに至らず、判決することになりました。今後とも、関係者の和解に向けた努力を祈念するものであります」

⑥　西松建設和解成立後、二〇〇九（平成二一）年一一月二〇日、山形県酒田港中国人強制連行・強制労働事件について、仙台高裁（小野定夫裁判長）判決は、中国人被害者らの請求を棄却しましたが、その末尾において、以下のように述べました。

「なお、本件訴訟において、本件被害者らは強制労働により極めて大きな精神的・肉体的苦痛を被ったことが明らかになったというべきであるが、その被害者らに対して任意の被害救済が図られることが望ましく、これに向けた関係者の真摯な努力が強く期待されるところである」

以上のようなケースから、被害の重大さを認識しながらも、法や最高裁判例の制約の中で、心ある現場の裁判長たちもまた苦悩していることがわかります。

もっとも前記①、②のケースは、二〇〇七年四月二七日の最高裁第二小法廷判決の前のものですから、裁判官が勇気を持てば、原告勝訴の判決を書くことは可能であったと思います。

要は裁判官のやる気であり、受難者たちの蒙った肉体的、精神的被害を少しでも癒すために、裁判所として何ができるかということを、全人格をかけて模索することではないでしょうか。

†「付言」の活用を訴えた東郷和彦氏

西松建設広島安野裁判で「付言」を付した最高裁判決が下された直後、二〇〇七年五月一七日に、元オランダ大使の外務官僚・東郷和彦氏は、この最高裁判決を取り上げ、朝日新聞のオピニオン欄で「和解への新局面が訪れた」として、以下のように論陣を張りました。因みに、東郷氏は、開戦時と敗戦時に外務大臣を務め、東京裁判でA級戦犯として裁かれた東郷茂徳を祖父とする人です。

戦後補償判決　和解への新局面が訪れた

最高裁が四月二七日に五件の中国人戦後補償裁判に下した原告敗訴の判決は、わが国の歴史問題・戦争責任問題を考える上で歴史的な意義を持つこととなった。戦後わが国が国際社会に復帰するために締結してきた条約網によって、政府のみならず、個人も法的な追及を行いえないことが確定したからである。

しかし、戦後補償の問題はこれで終わったわけではない。むしろ法的には免責されることが確定したことによって、一連の補償問題は全く新しい局面にたち、最終的な和解に到達するための千載一遇の機会がおとずれたように思えるのである。

道筋は見えている。西松建設の強制連行判決で、最高裁は、事実認定としての過酷な労働を認定し、「関係者が被害救済に向けた努力をすることを期待する」と判示した。各紙の論調にも、人道的な見地からの自発的な被害救済を期待するものが多数見られるように思われる。

各企業は、法的に処断されることがなくなったという大きな安心の下で、もう一回、韓国・中国の人たちが陥った過酷な状況に思いをいたし、責任感と大度量をもって、できるだけの救済をしていただけたらと思う。企業イメージを落とさないことが問題という。しかし、国際社会の視点からは、このような配慮を持つ企業こそ、二一世紀をわたるにふさわしい企業のイメージを持つと確信する。

重要なのは、政府の対応である。企業においても、政府が、被害者救済にむけてできるだけのことをしようという方向なのか、それとも、法的堅城の中でじっと不作為をくりかえす所存なのか、その動きを注視しているに違いない。的確なシグナルを出す歴史的な機会は、この判決がでた直後にしか開かれていない。すぐれた直観的な政治判断が求められるゆえんである。（後略）

傾聴すべき見解です。「重要なのは、政府の対応である」との指摘はまったくその通りです。広島安野最高裁判決「付言」も「上告人（西松建設—筆者注）を含む関係者において、本件被害者らの被害の救済に向けた努力をすることが期待されるところである」と述べていることに留意すべきです。「関係者」とは閣議決定により国策として中国人強制連行・強制労働をした国であることは明らかです。

当時、外務省不祥事で「半亡命中」であったとはいえ、東郷元オランダ大使が、最高裁判決直後「付言」について上記のような適切な指摘をしていたことは、改めて認識されてしかるべきでしょう。韓国元徴用工問題の解決に向けても示唆に富む提言だと思います。

†「付言」を書いた裁判官の心情

これまで述べてきたように、西松建設和解そして、三菱マテリアル和解も、二〇〇七年四月二七日の最高裁の「付言」の実行としてなされたものです。

筆者は、三菱マテリアル和解成立後、当時の最高裁第二小法廷の今井功判事（退官後、弁護士）に、そのことを報告する手紙を出しました。筆者は、今井判事が東京地裁労働部の部長をされていた頃から労働事件を通じて今井判事と面識がありました。

間もなくして、今井元判事より以下のような丁寧な返事をいただきました。


「（前略）中国人強制労働事件は、西松事件の審理、判決の際に勉強しましたが、国際法、国内法上多くの論点がある事件であると思います。この度の和解成立に至るについては、数多くのご苦労があったことと拝察いたしますが、永年に亘る、並々ならぬご尽力の結果と深く敬意を表します。

和解のためには加害者の慎みと節度、被害者の寛容が不可欠であるとのおことばは、困難な和解を導いてこられた先生ならではの至言であろうと思い、深く感銘を受けました。（後略）」


ここで「国際法上、国内法上多くの論点」というのは、前述したように、時効、除斥期間の壁であり、戦争賠償の放棄を謳った一九五一年九月八日締結（翌五二年四月二八日発効）のサンフランシスコ講和条約、一九七二年九月二九日の「日中共同声明」のことを言うのでしょう。

「日中共同声明」によって、法的には、中国人受難者らの賠償請求を棄却しながらも、それだけでは裁判所の任務を果たしたことにはならないとして、当事者間の自発的解決を促す「付言」を付け加えざるを得なかった当時の「裁判官としての苦悩」を思い起こしながら、「付言」が生かされたことを喜んでおられるのではないかと思います。

今井元判事からは、四年前に、西松建設広島安野和解事業の進捗状況を報告した際にも、丁寧な葉書をいただきました。同書中に「日中が困難な時期にありますが、人間同士の信頼関係がますます重要になってくると思います」とありました。本当にそうだと思います。

第3部

問題解決には何が必要か

第1章　日韓基本条約・請求権協定の修正、補完は不可避

†日韓基本条約・請求権協定と日中共同声明との違い

一九七二年日中共同声明前文では、

「日本側は、過去において日本国が戦争を通じて中国国民に重大な損害を与えたことについての責任を痛感し、深く反省する」

としています。日中戦争についての日中両国の間に歴史認識には一応の「共有」がありました。

六五年の日韓基本条約・請求権協定は、前述したように、

「一九一〇年八月二二日以前に大日本帝国と大韓帝国との間で締結されたすべての条約及び協定は、もはや無効であることが確認される」（日韓基本条約第二条）

と述べています。ここでは植民地支配が合法・有効であったか、それとも違法・無効であったかは曖昧にされ、「もはや無効である」という玉虫色の解決がなされ、植民地支配に対する謝罪も反省もありませんでした。日韓両国の間に植民地支配についての歴史認識の「共有」がなかったのです。

先頃、外務省北米一課長、小泉首相補佐官なども務めた外交評論家の岡本行夫氏が新型コロナウイルスに感染し亡くなられました。

彼は、二〇一五年一二月九日、毎日新聞のインタビューに応じ、以下のように語っています。

「民間の側でも7月（二〇一五年）に、企業が第二次世界大戦中に強制労働させられた米国の元捕虜に謝罪するという出来事がありました。」

——三菱マテリアル（旧三菱鉱業）ですね。岡本さんは同社の社外取締役を務めていますが、どんな考えで、捕虜問題に取り組んだのですか。

「元捕虜の存命者がわずかになっています。私も人間の尊厳に立ち返って謝罪すべきだと思っていました。……」

——同社の中国人強制連行訴訟にも和解の動きがありますね。

「……。中国人の強制労働被害者にも真摯に対応します。……。一方、他の企業が提訴されている「韓国人徴用工」の問題は性質が違います。65年の日韓請求権協定のもとで徴用工問題は明確に解決されましたし、被害の実態も異なります。韓国人は日本人と共に働かされていました。劣悪な職場に割り振られた韓国の人々は強制労働だったと主張しますが、米国の捕虜や中国人らに課された奴隷状態とは違います」(毎日新聞「そこが聞きたい　日米の戦後和解」)

歴史問題について理解があったといわれる岡本行夫氏ですが、植民地支配についての歴史認識の共有はできないのです。難しい問題です。

†日韓基本条約・請求権協定を修正・補完した日韓共同宣言

一九九八年一〇月八日、金大中韓国大統領と小渕恵三首相によって発せられた「日韓共同宣言　二一世紀に向けた日韓パートナーシップ」では以下のように述べています。

「小渕総理大臣は、今世紀の日韓両国関係を回顧し、我が国が過去の一時期韓国国民に対し植民地支配により多大の損害と苦痛を与えたという歴史的事実を謙虚に受けとめ、これに対し、痛切な反省と心からのお詫びを述べた。
金大中大統領は、かかる小渕総理大臣の歴史認識の表明を真摯に受けとめ、これを評価すると同時に、両国が過去の不幸な歴史を乗り越えて和解と善隣友好協力に基づいた未来志向的な関係を発展させるためにお互いに努力することが時代の要請である旨表明した」

この共同宣言は一九九五年八月一五日、戦後五〇年の節目に際し発され、植民地支配と侵略について謝罪した村山首相談話を踏襲したものですが、この共同宣言により、日韓両国は、六五年の日韓基本条約・請求権協定では欠けていた植民地支配についての歴史認識を「共有」することになりました。日韓関係についても、ようやく日中共同声明の歴史認識のレベルに到達したのです。

一〇月八日、金大中大統領は日本の国会で演説し、多くの議員たちが拍手を送りました。日韓両国での激しい反対運動を強行採決で突破して締結された一九六五年の日韓基本条約・請求権協定とは対照的です。

†平壌宣言との比較

一九六五年の日韓基本条約・請求権協定が植民地支配の清算を欠いた不十分なものであり、その修正・補完が不可避なことは、六五年の日韓基本条約・請求権協定と、小泉内閣の時代に北朝鮮（朝鮮民主主義人民共和国）との間でなされた二〇〇二年の「日朝平壌宣言」とを比較してみるとよくわかります。前者には植民地支配に対する反省が全くありませんが、後者では、前記九八年の日韓共同宣言をよく理解し、

「日本側は、過去の植民地支配によって、朝鮮の人々に多大の苦痛と損害を与えたという歴史の事実を謙虚に受け止め、痛切な反省と心からのお詫びの気持ちを表明した」

と、植民地支配に対する反省と謝罪がしっかりと述べられています。

六五年の日韓基本条約・請求権協定により韓国との間で国交正常化を果たし、両国間の問題はすべてが「解決済み」であるとする日本政府も、北朝鮮との間では、まだ、すべてが未解決であり、その中には植民地支配の清算の問題も残されていることを認識しています。

北朝鮮との間での国交正常化は、当然、植民地支配について反省と謝罪を述べた「日朝平壌宣言」をベースとして行われることになり、植民地支配の清算が不可欠となるでしょ

う。

となれば、植民地支配の清算に言及しなかった一九六五年の日韓基本条約・請求権協定の見直しが不可欠となり、日本政府がいま述べている「解決済み論」は通用しなくなるのではないでしょうか。

†自民党、社会党、朝鮮労働党による三党合意（共同宣言）

村山首相談話に先立つこと五年、一九九〇年九月二八日、平壌に於いて、自由民主党代表金丸信、日本社会党代表田辺誠副委員長の両氏を団長とする日本の与野党と、朝鮮労働党の間で、発せられた三党共同宣言第一項は以下のように述べています。

「三党は、過去に日本が三六年間に朝鮮人民に大きな不幸と災難を及ぼした事実と戦後四五年間に朝鮮人民にこうむらせた損失について朝鮮民主主義人民共和国に対し、公式的に謝罪し、十分に償うべきであると認める」

共同宣言文の纏《まと》めには、日本側と朝鮮側に意見の食い違いがあり、ぎりぎりの最後までもめたようです。意見の食い違いとは、戦後の四五年間の「責任」についてでした。戦前の植民地支配に対する謝罪と償いについては当然のこととされたのです。三党共同宣言についてては、当時の与野党、すなわち自民党、社会党、公明党、共産党、民社党のすべてが

『つぐない』を
歌います
いまや
持ち歌だ
所 ゆきよし

「毎日新聞」1990年９月30日付け、所ゆきよし・作

歓迎する旨の談話を発しました。

同年九月三〇日付けの毎日新聞朝刊政治面の、所ゆきよし氏による漫画には、カラオケで、金丸信とおぼしき人物が『『つぐない』を歌います」とマイクの前に立ち、それをカウンターに座っている小沢一郎、田辺誠とおぼしき人物らが、「今や持ち歌だ」など、眺めている様子がユーモラスに描かれています。当時、テレサ・テンが唄う「つぐない」という歌がカラオケで流行っていました。

†「解決済み」論は通用しない

二〇一〇年八月一〇日、菅直人首相は、韓国併合一〇〇年に際し、

「本年は、日韓関係にとって大きな節目

の年です。ちょうど百年前の八月、日韓併合条約が締結され、以後三六年に及ぶ植民地支配が始まりました。三・一独立運動などの激しい抵抗にも示されたとおり、政治的・軍事的背景の下、当時の韓国の人々は、その意に反して行われた植民地支配によって、国と文化を奪われ、民族の誇りを深く傷付けられました。

私は、歴史に対して誠実に向き合いたいと思います。歴史の事実を直視する勇気とそれを受け止める謙虚さを持ち、自らの過ちを省みることに率直でありたいと思います。痛みを与えた側は忘れやすく、与えられた側はそれを容易に忘れることは出来ないものです。この植民地支配がもたらした多大の損害と苦痛に対し、ここに改めて痛切な反省と心からのお詫びの気持ちを表明いたします」

と談話を公にしました。

このように菅直人首相談話は、三党共同宣言（一九九〇年）、村山首相談話（一九九五年）、日韓共同宣言（一九九八年）、平壌宣言（二〇〇二年）と続いた流れを踏襲し、植民地支配について謝罪しています。これらの経緯を踏まえるならば、もはや、六五年日韓基本条約・請求権協定による「解決済み」論は通用せず、同条約・協定の修正・補完は不可避であることが分かります。

†日韓基本条約・請求権協定の修正・補完

北朝鮮との間でだけでなく、韓国との間でもすでに請求権協定の実質的な修正・補完がなされているのです。それは「慰安婦問題」です。

一九六五年の請求権協定当時は、慰安婦問題は全く論じられていませんでした。「慰安婦」問題についての日韓合意は、日本政府自身が六五年の日韓請求権協定では議論していなかった問題として協議に応じたものであり、その意味で請求権協定の見直しに応じたものと言えるものではないでしょうか。

「慰安婦」問題の外にも、朝鮮人被爆者など在外被爆者治療問題、すなわち、戦時中、広島、長崎で被爆し、戦後朝鮮半島に戻った被爆者に対する治療問題です。この問題も韓国人被爆者からの日本政府に対する提訴を契機とし、解決がなされました。更に、サハリン残留韓国人帰還問題があります。日本は敗戦に際し、サハリンから日本人のみを帰還させ、現地にいた朝鮮人については放置してきたのです。この問題についても、六五年請求権協定の見直し、補完がなされています。韓国を「朝鮮にある唯一の合法的な政府」とした日韓基本条約第三条も、一九九一年に南・北朝鮮の国連同時加盟により、今日においては「失効」しています。

†元徴用工・遺族に対する賠償がなされている事例

元徴用工問題でも、一九九七年九月に、新日鉄釜石製鉄所で強制労働させられた元徴用工の遺族ら一一人が原告となって、新日鉄を相手に未払い賃金の支払いを求めた裁判で、原告に各二〇〇万円を支払うという和解が成立しています。

戦争末期、釜石製鉄所は米軍の艦砲射撃を受け、それによって亡くなった元徴用工の遺族らが、遺骨の引き渡し、未払い賃金の支払い等を求めて裁判を起こしました。この裁判では国も被告としていましたが、途中で分離しています。

新日鉄は、裁判では、戦前の会社とは別法人だと主張しましたが、遺骨の所在について真摯に調査するなどしました。その結果、和解が成立したのです。

当時、会社側担当者であった唐津恵一氏（現東京大学大学院教授 企業法）は、朝日新聞のインタビューに「（請求権協定）は、国と国との取り決めで、企業と個人とのやり取りは縛っていません。判決確定後の和解は極めて難しいですが、被告企業の対応次第では原告が態度を軟化させることは有り得ます。戦時中に徴用工が日本企業のために働かされた事実を謙虚に受け止める姿勢は、国際社会での企業イメージの向上にもつながるのではないでしょうか」（二〇一九年一〇月三一日付け朝日新聞朝刊）と答えています。加害者が、被害事実に真摯に向き合う、このことなくしては、被害者からの寛容は得られないというのは、中国人強制連行・強制労働に関しての花岡（鹿島建設）、西松建設、三菱マテリアルの各和解に関与した筆者の実感でもあります。

他にも、一九九九年四月に日本鋼管が韓国の元徴用工一人に解決金四一〇万円の支給、二〇〇〇年七月に不二越が韓国の元女子勤労挺身隊員ら八人と一団体に解決金三〇〇〇万円余と会社構内に記念碑の建立、などの和解事例があります。

これらの和解は、裁判を起こした原告とだけの和解で、花岡事件（鹿島建設）和解のように全体解決を図ったものではなく、また、企業が明確に責任を認め、謝罪をしたものではありません。しかし、強制連行・強制労働賠償請求事件の和解前史として位置づけられるべきであり、また六五年請求権協定の見直し、補完でもあるとも言えます。

†六五年日韓基本条約・請求権協定への「先祖返り」

安倍政権は、六五年日韓基本条約・請求権協定が九八年の日韓共同宣言で修正・補完され、日韓両国で植民地支配についての歴史認識を「共有」したはずなのに、この経緯を無視し、六五年への「先祖返り」をし、六五年の日韓基本条約・請求権協定は、一ミリたりとも動かさないとしています。ここにこそ徴用工問題が解決できない根本原因があるのです。

九八年日韓共同宣言が前記引用部分（一八六頁）に先だって「両首脳は、日韓両国が、二一世紀の確固たる善隣友好協力関係を構築して行くためには、両国が過去を直視し、相互理解と信頼に基づく関係を発展させていくことが重要であることにつき意見の一致をみた」と述べ、更に続けて、

「両首脳は、両国国民、特に若い世代が歴史への認識を深めることが重要であることについて見解を共有し、そのために多くの関心と協力を払うことが必要である旨強調した」

と述べています。

六五年に「先祖返り」をしてしまった安倍政権は、このことを全く理解していません。後述する慰安婦問題に関する日韓合意に関し、合意は最終的、不可逆的な解決であるとして「合意」は「一ミリたりとも譲れない」とかたくなな態度をとった時と全く同じです。「過去を直視」しない安倍政権だからこそ「歴史への認識を深める」ことが必要なのです。

安倍晋三氏は、第一次安倍政権で、村山首相談話を否定できなかった理由として、九八年の日中共同宣言（江沢民主席・小渕首相）に「日本側は、一九七二年の日中共同声明及び一九九五年八月一五日の内閣総理大臣談話を遵守し、過去の一時期の中国への侵略によって中国国民に多大な災難と損害を与えた責任を痛感し、これに対し、深い反省を表明し

た。中国側は日本側が歴史の教訓に学び平和発展の道を堅持することを希望する」とあることから、村山首相談話は、今や国際条約となっており、これを否定することは条約違反となるので否定できなかった（『正論』二〇〇九年二月号、山谷えり子との対談「保守はこの試練に耐えられるか」）としていました。九八年の日韓共同宣言も、同年一一月の日中共同宣言と同様国際条約ではないでしょうか。九八年の日韓共同宣言を無視することは出来ないのです。

第2章 戦争被害における個人請求権

†総力戦下拡大する戦争被害

戦争は国家と国家との間で行われます。戦争の終結により、戦勝国は、戦敗国に対し、例えば領土の割譲、賠償金（戦費、制裁金等）の支払い、場合によっては戦敗国指導者の処罰等を求めます。そこでは、個人が権利の主体となることはありませんでした。

ところが二〇世紀の戦争、とりわけ、航空機による空爆が行われるようになった第二次世界大戦以降は、戦争の様相は激変しました。戦争は総力戦として戦われ、具体的な戦場だけでなく、攻撃は相手国の中枢に対して行われ、銃後の区別がなくなり、被害が拡大され、死傷者の数も古典的な戦争と比べ、天文学的に増大しました。また被害の態様も、様々に変化しました。原爆の被害もあります。こうなると戦争の後始末としては国家間だけで行われるのでなく、被害者個人が権利の主体となって加害者に対し請求するということも起こり得ます。請求の宛先も、相手国のみならず、本件強制労働に基づく賠償請求のように、徴用工を使役した加害企業も請求先となります。更に、相手国だけでなく、講和条約等によってこれらの個人権利を放棄してしまった自国政府に対する請求もあり得ます。

また、援護法との関連もあります。戦後日本政府は、軍人・軍属（軍需工場などで働いていた民間人）に対する支援策として、「戦傷病者・戦没者遺族等援護法」を制定し、ある意味「手厚い」補償をしてきました。その後も、特に、地上戦の悲惨を嘗め、約一五万人、県民四人に一人が亡くなった沖縄県で軍属の範囲を拡大解釈し、援護法の適用対象を広げて来ました。総力戦下に於ける戦争被害は、銃後の区別はありません。空襲下、子供たちの疎開はありましたが、一般人は、踏みとどまって、防衛の任に就くよう命ぜられ、多くの人々が亡くなり、また負傷しました。しかし、軍人・軍属以外の一般の空襲被害者等に対する補償は全く為されていません。これまでに、援護法により軍人・軍属らの遺族らに支払われた総額は一兆円に達しています。

†空襲被害者による賠償請求

一九四五年三月一〇日未明の東京大空襲では、約三〇〇機の米軍爆撃機B29が、江東、墨田、台東区の下町を無差別爆撃し、一晩で約一〇万人が亡くなり、一〇〇万人以上が家屋を失うという凄まじい被害を生じさせました。

この時、米軍機が投下した焼夷弾は一六六五トンに上るといいます。この空襲の被害者らが、援護法の適用が軍人・軍属に限られ一般戦争被害者らは対象外とされていることは法の下の平等原則に反するとして、日本政府に対して賠償請求の訴えを起こしました。二〇〇九年、東京地裁は、「国民のほぼ全てに戦争被害があり、裁判所が救済対象を選別するのは困難」であるとし、救済方法についても政治的判断に委ねざるを得ないとして、訴えを棄却しました。

二〇一二年、東京高裁も、「原告らが旧軍人らとの間の不公平を感じることは心情的には理解できる」としながらも、国が主張した戦争の被害は甚大であり、国民均しくこれを負わなければならないとする「共同受忍論」を容れ、原告らの請求を退けました。二〇一三年五月九日、最高裁も上告を棄却しました。大阪でも同様な訴訟が起こされましたが、東京と同じような結果に終わっています。今、空襲の被害者らは、空襲被害救済を求める議員立法目指して超党派の議員らに働きかけています。

共同受任論に与するものではありませんが、仮にこの共同受任論に立つとした場合にも、総力戦下にある現代の戦争被害は、前線、銃後の区別もなく、軍人軍属以外の一般の国民も被害者となるのですから、両者を区別するのは、「共同受忍」の考え方にも反することになるのではないでしょうか。

†原爆被害者による賠償請求

一九五五年四月、広島と長崎の原爆被害者が、《米軍の原爆投下は、国際法に違反する不法行為であり、原爆被害者は米国に対して損害賠償請求権がある、その賠償請求権をサンフランシスコ講和条約によって放棄してしまった日本政府は、原爆被害者に補償・賠償すべきである》として、日本政府に対する損害賠償請求裁判を起こしました。

一九六三年（昭和三八年）一二月七日、東京地方裁判所は、原告の請求を棄却しましたが、米軍の広島・長崎への原爆投下は、国際法に違反すると判決しました。

国際法（戦時国際法・国際人道法）は、原則として、非戦闘員や非軍事施設への攻撃を禁止しています（軍事目標主義）。また、不必要な苦痛を与える兵器の使用を禁止しています。

原爆投下に対しては、当時の日本政府も一九四五年八月一〇日付けで、「新奇にして、かつ従来のいかなる兵器、投射物にも比し得ざる無差別性惨虐性を有する本件爆弾を使用せるは人類文化に対する新たなる罪悪なり。帝国政府はここに自からの名において、かつまた全人類および文明の名において米国政府を糾弾する」と声明しました。

裁判所は、原爆投下は、前記国際法の条項のいずれにも違反すると判断しました。しかし、前に述べたように、原告の請求については、国がサンフランシスコ講和条約で放棄したのは外交保護権であって、賠償請求権そのものを放棄したのではないとして、原告の請求を棄却しました。その際、裁判所は以下のようにも付け加えました。

「国家は自らの権限と自らの責任において開始した戦争により、国民の多くの人々を死に導き、傷害を負わせ、不安な生活に追い込んだのである。しかもその被害の甚大なことは、とうてい一般災害の比ではない。被告がこれに鑑み、十分な救済策を執るべきことは、多言を要しないであろう。

しかしながら、それはもはや裁判所の職責ではなくて、立法府である国会及び行政府である内閣において果さなければならない職責である。しかも、そういう手続によってこそ、訴訟当事者だけでなく、原爆被害者全般に対する救済策を講ずることができるのであって、そこに立法及び立法に基く行政の存在理由がある。終戦後十数年を経て、高度の経済成長をとげたわが国において、国家財政上これが不可能であるとはとうてい考えられない。われわれは本訴訟をみるにつけ、政治の貧困を嘆かずにはおられないのである」

この判決及び付言が契機となって、一九六八年の原爆特別措置法（手当制度の創設など）の制定、そして現在の被爆者援護法に発展していきました。

その結果、被爆者は国籍に関係なく、無料の医療保護を受けられるようになりました。

しかし、法律の制定によってすべて問題が解決したわけではありませんでした。というのは、七四年に厚生省（当時）は、通達四〇二号を発し、被爆者援護を受けるためには日本に居ること（来ること）を条件としたのです。それでは、在外被爆者には事実上、被爆者援護法が適用されなくなってしまいます。そこで、この四〇四号通達が、国籍による異なる扱いをしないとした被爆者援護法違反であるとして、各地で裁判がなされました。裁判所が、その訴えを認めたことから、二〇〇三年になって国はようやく、通達四〇二号を撤回しました。

原爆症の認定を受けた被爆者には医療特別手当として、二〇一九年四月現在で（毎年変わる）、月額一四万一三六〇円、認定を受けなかった被爆者には健康管理手当として、月額三万四七七〇円が支給されています。この他に、被爆者援護法の適用を受けられなかった期間に対する慰謝料として一〇〇万円が最高裁の判決で認定されています。在韓被爆者は、四〇〇〇人から五〇〇〇人いるとみられています。

被爆者援護法については、未認定の被爆者が存在しているという問題も残されています。

†強制連行・強制労働としてのシベリア抑留

日本の敗戦後、捕虜となった日本軍将兵六〇万人以上がソ連軍によってシベリアに連行され、厳寒な環境、満足な食事も休養も与えられない状態で、鉄道建設、森林伐採、鉱山などで、苛酷な労働を強いられ、六万二〇〇〇人が亡くなりました。ソ連のこの行為は国際法違反の不法行為です。

米・英・中に遅れてソ連も参加し四カ国宣言となったポツダム宣言第九項「日本国軍隊は完全に武装解除されたのち、各自の家庭に復帰し、平和的、かつ生産的生活をいとなむための機会を得らるべし」にも反します。ソ連は、日本が四カ国宣言を無視したからと、対日参戦の口実としたのでした。

戦争終結後における、強制連行・強制労働ですが、中国人の強制連行・強制労働、韓国の徴用工問題と同質な問題です。このシベリア抑留・強制労働には、これを承認した日本政府、軍の密約の疑いさえあるのです。

敗戦間近、一九四五年七月、日本政府が、ソ連の仲介による「終戦」を画策し、特使として元首相近衛文麿をソ連に派遣しようとしたことがありました。その際、近衛特使が持参するはずであった対ソ連融和策のひとつに、戦争終結後、日本軍の復員が困難な場合、一定の間現地に留めさせ、その際、戦争賠償の一部として労働させるも可という内容が含まれていたとのことです（NHK取材班『外交なき戦争の終末』角川文庫）。

さらにあります。一九四五年八月二六日付けで、大本営浅枝参謀が作成した「関東軍方面停戦状況に関する実視報告」では、「内地に於ける食糧事情及思想経済事情より考ふるに規定方針通大陸方面に於ては在留邦人及武装解除後の軍人はソ連の庇護下に満鮮に土着せしめて生活を営む如くソ連側に依頼するを可とす」「満鮮に土着する者は日本国籍を離るるも支障なきものとす」と書かれていたというのです（一九九三年八月共同通信電）。一九四五年八月二九日、関東軍総司令部は、ソ連のワシレフスキー元帥宛の報告書で、満州などにいた日本兵について、「貴軍の経営に協力せしめ其他は逐次内地に帰還せしめられ度いと存じます。右帰還迄の間に於きましては極力貴軍の経営に協力する如く御使い願い度いと思います」と述べていました。

国家とは何と非情なものなのでしょうか。戦争で国民の命を奪い、かろうじて生き残った国民についても〈外交保護権を放棄し〉苛酷な抑留と強制労働に従事させられているのを放置していたのです。

二〇〇三年一〇月、来日したエリツィン大統領は、細川首相ら日本側との会議の席上で

「シベリア抑留の問題は全体主義の残滓だ。ロシアでも数百万人が亡くなったが、このことが抑留問題を正当化するものではない。ロシア政府、国民を代表して、この非人間的な行為に対し謝罪の意を表明する」と頭を下げました（前掲NHK取材班『外交なき戦争の終末』）。

日本政府は、一九五六年の日ソ共同宣言で、シベリア抑留による賠償請求権を放棄してしまっています。それで、抑留された人々は、日本政府を相手として、損害賠償請求の訴えを起こしましたが、裁判所は、日本政府が放棄したのは外交保護権であり、個人の請求権は放棄されていないという主張を容れて、被害者らからの請求を棄却しました。一九九七年三月一三日、最高裁もこの判決を支持しました。最高裁判決は以下のように述べています。

「我が国がポツダム宣言を受諾し、降伏文書に調印したことにより、上告人（元抑留者）らを含む多くの軍人・軍属が、ソヴィエト社会主義共和国連邦の捕虜となり、シベリア地域の収容所等に送られ、その後長期間にわたり、満足な食料も与えられず、劣悪な環境の中で抑留された上、過酷な強制労働を課され、その結果、多くの人命が失われ、あるいは身体に重い障害を残すなど、筆舌に尽くし難い辛苦を味わわされ、肉体的、精神的、経済的に多大の損害を被ったことは、原審の適法に確定するところであり、上告人らを含むこれらのシベリア抑留者に対する右のような取扱いは、捕虜の取扱いに関し当時確立していた国際法規に反する不当なものといわざるを得ない」

と元被抑留者らが蒙った被害についての理解を示しました。

しかし、日本政府が、日ソ共同宣言で元抑留者らのソ連に対する賠償請求権を放棄してしまったことを理由とし、元抑留者らが憲法二九条三項によって日本国家に対して為した賠償請求については、

「上告人らを含む多くの軍人・軍属が、長期にわたりシベリア地域において抑留され、強制労働を課されるに至ったのは、敗戦に伴って生じた事態であり、これによる損害は正に戦争により生じたものというべきである」、「我が国が請求権放棄を合意したことは、誠にやむを得ない」、「抑留が敗戦に伴って生じたものであること、日ソ共同宣言が合意されるに至った経緯等を考え合わせれば、請求権放棄により上告人らが受けた損害も、戦争損害の一つであり、これに対する補償は、憲法二九条三項の予想しないところ」である。

「シベリア抑留者の辛苦は前記のとおりであるが、第二次世界大戦によりほとんどすべての国民が様々な被害を受けたこと、その態様は多種、多様であって、その程度において極

めて深刻なものが少なくない。戦争中から戦後にかけての国の存亡にかかわる非常事態にあっては、国民のすべてが、多かれ少なかれ、その生命、身体、財産の犠牲を堪え忍ぶことを余儀なくされていた」、「これらの犠牲は、いずれも戦争犠牲ないし、戦争損害として、国民のひとしく受忍しなければならなかった」、「これらの戦争損害に対する補償は憲法の右各条項の予想しないところ」であり、「その補償の要否及び在り方は、事柄の性質上、財政、経済、社会政策等の国政全般にわたった総合的政策判断を待って初めて決し得る」、「これについては、国家財政、社会経済、戦争によって国民が被った被害の内容、程度等に関する資料を基礎とする立法府の裁量的判断にゆだねられたものと解するのが相当である」として、原告らの請求を棄却しました。

他方で最高裁判決は、以下のようにも述べています。

「南方地域から帰還した日本人捕虜は、被上告人（国）からその抑留期間中の労働賃金の支払いを受けることができたのに、シベリア抑留者は、過酷な条件の下で長期間にわたり抑留され、強制労働を課せられたにもかかわらず、その抑留期間中の労働賃金が支払われないままであることは、前記説示のとおりであり、上告人（元抑留者）らがそのことにつき不平等な取扱いを受けていると感ずることは理由のないことではない」、「シベリア抑留者の抑留期間中の労働賃金の支払いを可能とする立法措置が講じられていないことについて不満を抱く上告人（元抑留者）らの心情も理解し得ないものではない」「南方地域」とは、オーストラリア、ニュージーランド、東南アジア諸国のことで、これらの地域で働かされた人々には、その国から労働証明書が交付され、これに基づき日本国家が労働賃金の支払いをしたのです。

最高裁判決後も元被抑留者らは日本政府相手に粘り強い交渉を続け、二〇一六年六月一六日、「戦後強制抑留者に係る問題に関する特別措置法」（シベリア特措法）を成立させました。生存している約七万人が対象で、抑留期間に応じて二五万～一五〇万円を支給するとするものです。元抑留者たちが平均八八歳あまりと高齢ですので早期に支給がなされることになりました。ただ、この特措法の対象者は、日本人だけで、同じように抑留・強制労働させられた韓国・朝鮮人は除外されているという問題点があります。国籍条項による差別です。

†慰安婦問題に見る強制性

「ゲゲゲの鬼太郎」などの妖怪漫画作家の水木しげる氏は先の戦争中、ニューギニアの戦場で、爆撃により左腕を失い、餓死の境界を彷徨《さまよ》うという苦労をしたが、かろうじて生還しました。『水木しげるのラバウル戦記』（ちくま文庫一九九七年刊）に慰安婦について以下のような記述があります。

上陸した頃は、ココボはまだ陸軍の基地で、たしか一〇三兵站病院もあり、従軍慰安婦もいた。彼女たちは「ピー」と呼ばれていて、椰子林の中の小さな小屋に一人ずつ住んでおり、日曜とか祭日にお相手をするわけだが、沖縄の人は「縄ピー」、朝鮮の人は「朝鮮ピー」と呼ばれていたようだ。彼女たちは徴用されて、無理やり連れてこられて、兵隊と同じような劣悪な待遇なので、見るからにかわいそうな気がした。

「兵隊と同じような劣悪な待遇」、兵隊は命を捧げることを強制され、慰安婦は、性を捧げることを強制されるということでしょうか。水木しげる氏は以下のようにも記述しています。

ピー屋に行ってもいいという命令が出た。早速行ってみると、なんと長い行列ではないか。これは何かの間違いではないかと観察すると、行列は小さい小屋まで連なっている。そういう小屋が六つばかりあり、何れも五〇人くらい並んでいる。やる方も必死だが、こうなるとやられる女の側は下手すると死ぬのではないかと思った。五〇人もいるとすると終わりは何時になるか分からない。二、三時間待ったが、行列の人数は少しもへらない。初年兵二、三人で行ったがあまりの行列にやめようということになり近くの土人部落に行った。

水木しげる氏の記述はその深刻な内容にもかかわらず、どこか「ブラックユーモア」も感じられますが、報道班員として軍の実態をつぶさに見た作家高見順氏も『敗戦日記』（中公文庫ＢＩＢＬＩＯ）一九四五年一一月一四日に以下のように書いています。

「日本軍は前線に淫売婦を必ず連れて行った。朝鮮の女は身体が強いと言って、朝鮮の淫売婦が多かった。ほとんどだまして連れ出したようである。日本の女もだまして南方へ連れて行った。酒保の事務員だとだまして船に乗せ、現地へ行くと「慰安所」の女になれと脅迫する。おどろいて自殺した者もあったと聞く。自殺できない者は泣く泣く淫売婦になったのである。戦争の名の下にかかる残虐が行われていた」

日本軍が慰安婦を伴っていたことは、軍隊経験者、報道班員らの間では衆知のことで、文学作品などでもよく取り上げられて来ました。例えば、田村泰次郎の戦後初期作品

『蝗』（一九六五年　新潮社）は、想定以上の戦死者によって、足らなくなった白木の箱と、五人の朝鮮人慰安婦をその抱え主と共に軍用列車で前線に送る任務を命ぜられた古参の軍曹（原田）の話として、このような記述をしています。

汽笛も聞こえないで、突然、がたん、がたん、と、二、三回、大きな振動があって、列車が急停車したようだ。聞き馴れぬ人声がはなれたところに、聞こえた。しばらくすると、原田たちのいる車輛のすぐそとで、大きな叫び声がした。
「おーい、女たち、降りろ、——どこにいるのか。出てこいっ」（略）
「自分たちは、石部隊の者です。この車輛のなかには、前線にいる自分たちの部隊へ輸送する遺骨箱が載っているだけであります」
風の唸り声に、原田の声はかすれて吹きちぎれた。
「嘘をいうな。前から八輛目の車輛のなかには、五名のチョウセン・ピーが乗っていることはわかっているんだ。新郷から無線連絡があったんだ。命令だ。女たちを降ろせといったら、降ろせっ」（略）
「女たちは石部隊専用の者たちです」
「なにっ。文句をいうな。なにも、減るもんじゃあるまいし、ケチケチするな。新郷でも、さんざん、大盤振舞いをしたそうじゃないか。なぜ、おれのところだけ、それをいけないというのか」

「しかし、――」

「しかしも、くそもない。いやならここをとおさないだけだ。（略）いいか。わかったな。通行税だ。気持よく払って行け」

ここへくるまでに、開封を出発してまもなく、新郷と、もう一箇所、すでに二回も、彼女たちは、ひきずり降ろされていた。そのたびに、その地点に駐留している兵隊たちが、つぎつぎと休む間もなく、五名の女たちの肉体に襲いかかった。（略）

「おーい、みんな、おりろっ」

数分後、原田は貨車のなかへむかってどなっていた。


『蝗』は、『水木しげるのラバウル戦記』と異なり、創作です。しかし、本作は、筆者田村泰次郎自身が『蝗』で描かれた「大陸打通作戦」に「石」部隊の一員として従軍した体験に基づいて書かれたものであることを考えたとき、軍隊、そして慰安婦の実相を描写したものとして理解できるのではないでしょうか。

『蝗』には、行軍中に地雷を踏んで右足を失った慰安婦を原田軍曹が患者収容所に連れて行くことを衛生下士官に依頼したところ、断られ、車両部隊の隊長に彼女の移送を依頼するが、「廃品はどんどん捨てて行くんだ」と断られ、結局彼女を独り残して次の目的地に出発してしまったこと、米軍機の空襲を受けるなど苦難に満ちた旅程の末、原田軍曹が生き残った二人の慰安婦と共にようやく兵団司令部に到着し、その旨、高級副官に復命したところ、「一万の兵隊に二名じゃ、どうするんだ」と怒鳴られる場面の描写などもあります。

日本軍の全てが『蝗』、あるいは、上海から南京攻略戦までを描き、発禁となった『生きている兵隊』(石川達三)のような兵士たちであったわけではないとは思います。いや思いたいです。しかし、これらの作品が日本軍の抱えていたある特殊な側面を物語っていることは否定できません。認めたくないことですが日本軍は慰安婦とセットでなければ成り立たなかったのです。或る人はこう言います。日本軍のいたところに慰安婦がいたのではなく、日本軍は慰安婦の存在を前提として存在しえた組織であると。

後に首相となる中曽根康弘も、戦時中、主計将校として慰安所の設営に従事したとその自伝に書いています。

一九六五年に締結された日韓請求権協定の際、慰安婦問題が議論されなかったのは、日韓両国政府が、この人道に反する忌まわしい事実に蓋をしようとしたからでした。

当時の社会情勢も被害者本人が直接声を挙げることを困難にしました。彼女たちが声を挙げることができるようになったのは一九八〇年代末、冷戦の崩壊後になってからです。被害者本人からの直接の告発が続く中、日本政府も調査をし、一九九三年八月四日、宮澤内閣の河野官房長官談話において、ようやく、

「慰安所は、当時の軍当局の要請により、設置されたものであり、慰安所の設置、管理及び慰安婦の移送については、旧日本軍が直接あるいは間接にこれに関与した。慰安婦の募集については軍の要請を受けた業者が主としてこれに当たったが、その場合も、甘言、強圧による等、本人たちの意思に反して集められた事例が数多くあり、更に、官憲等が直接これに加担したことが明らかになった。また、慰安所における生活は強制的な状況の下での痛ましいものであった」

と慰安婦に国家の関与を認めました。そして、

「われわれはこのような歴史の真実を回避することなく、むしろこれを歴史の教訓として直視していきたい。われわれは、歴史研究、歴史教育を通じて、このような問題を長

く記憶にとどめ、同じ過ちを決して繰り返さないという固い決意を改めて表明する」と述べるに至ったのです。

この決意を実践することが大切であり、「金を払ったからもうお終い」ということでは、慰安婦とされた彼女たちの苦しみを癒すことにはなりません。

慰安婦問題は日本の敗戦後にもありました。

連合国軍の日本占領（「進駐軍」という奇妙な名前で呼ばれた）に際して、日本政府自らが、日本の女性たちの貞操を守るため？　の防波堤として、慰安婦を募集して「慰安所」を作ることにしました。九月一八日、内務省警保局長名で各県の長官（知事）宛に慰安婦募集の通達をなし、同月二七日には大森で開業し、一〇〇〇名以上の慰安婦がいたといいます。この開業には、当時大蔵官僚で、後に首相になる池田隼人も関与していました。

前出の高見順氏『敗戦日記』一九四五年一一月一四日引用部分には以下のような記述もあります。

「世界に一体こういう例があるのだろうか。占領軍のために被占領地の人間が自らいち早く婦女子を集めて淫売屋を作るというような例が――。支那ではなかった。南方でもなかった。懐柔策が巧みとされている支那人も、自ら支那女性を駆り立てて、淫売婦にし、占領軍の日本兵のために人肉市場を設けるというようなことはしなかった。かかる恥ずかしい真似は支那国民はしなかった。日本人だけがなし得ることではないか」

「戦争は終わった。しかしやはり「愛国」の名の下に、婦女子を駆り立てて進駐兵御用の淫売婦に仕立てている。無垢の処女をだまして戦線へ連れ出し、淫売を強いたその残虐が、今日、形を変えて特殊慰安云々となっている」

今なお、後を絶たない、慰安婦とされた女性たちの名誉と尊厳を踏みにじるような心無い妄言に対するしかるべき措置をとることが必要です。水木しげる氏の記述や『蝗』が描いた慰安婦の実相を知れば、彼女たちに対する心無い妄言など出てこないはずです。彼女たちが求めているのは、日本国家の謝罪、個人の尊厳の回復なのです。

以上、空襲被害者、被爆者、シベリア抑留被害者、慰安婦被害者らをもとに、戦争に於ける、個人の被害、賠償請求権について考えて来ました。韓国人元徴用工の問題もまさに個人の戦争被害、その賠償の問題なのです。ですから、この徴用工問題は、空襲被害者、シベリア抑留被害者、慰安婦被害者らの問題と併せて、個人の尊厳の問題として考えなければなりません。彼ら韓国人元徴用工だけの問題ではないのです。

第3章

冷戦によって封印された個人賠償の復権

†戦争賠償「放棄の経緯」には何があったか?

日本政府は、戦争賠償問題はサンフランシスコ講和条約、その後の、日韓請求権協定、日中共同声明等により、すべて解決済みと言い張っています。

二〇一九年七月一九日、韓国の南官杓駐日大使を呼び出した河野外務大臣は、元徴用工問題等についての韓国政府の対応は、第二次世界大戦後の国際秩序を覆そうとするものだと批判しました。

第二次世界大戦後の国際秩序――そうです、それはサンフランシスコ講和条約体制です。冷戦下で締結されたサンフランシスコ講和条約は、戦争における個人賠償請求権を封印しました。この講和会議には戦争の最大の被害国である中国、植民地支配の被害国である韓国の参加は認められませんでした。

韓国人元徴用工、元慰安婦、中国人強制労働などの、いわゆる「戦後補償問題」は、サンフランシスコ講和条約体制の中で封印されてきた戦争被害に関する個人の賠償請求権の復権、サンフランシスコ講和条約体制の見直しの問題なのです。

一九五一年九月八日、日本国と連合国との間で締結されたサンフランシスコ講和条約の第一四条（a）項は、「日本国は、戦争中に生じさせた損害および苦痛に対して、連合国に賠償を支払うべきことが承認される」と、日本の戦争賠償義務を認めた上で、「しかし、また、存立可能な経済を維持すべきものとすれば、日本国の資源は、日本国がすべての前記の損害及び苦痛に対して完全な賠償を行い、且同時に他の債務を履行するためには、現在充分でないことが承認される」として、同（b）項において、「この条約に別段の定めがある場合を除き、連合国は、連合国のすべての賠償請求権、戦争の遂行中に日本国及びその国民がとった行動から生じた連合国及びその国民の他の請求権並びに占領の直接軍事費に関する連合国の請求権を放棄する」としました。

サンフランシスコ講和条約で、連合国が日本国に対する賠償請求権を放棄したのは、当時の日本の経済状態を考慮したうえでのものであり、日本国に戦争賠償をすべき責任がまったくない、と言っているわけではありません。

この「寛大な」（吉田茂首相の受諾演説の中の言葉）講和は、当時進行していた米国、ソ連を両軸とした《冷戦構造》の賜物でした。

当初、連合国（米国）は、敗戦国日本を徹底的に解体するつもりでした。ところが、冷戦の進行と、一九四九年の中国革命、中華人民共和国の成立が、この政策の転換をもたらしました。

連合国は、日本をアジアにおける反共の防波堤とするために、日本に対し「寛大」な措置を取ることにし、旧勢力を温存するために、日本の民主化にストップを掛けるようになりました。このような国際情勢の中で、サンフランシスコ講和条約が締結されたのです。サンフランシスコ講和条約が発効した一九五二年四月二八日に締結された日華平和条約においても、サンフランシスコ講和条約に倣い、中華民国は日本国に対する戦争賠償の請求権を放棄しています。

そして一九七二年九月二九日、日本国と中華人民共和国との間で発せられた「日中共同声明」でも、中華人民共和国は日本国に対する戦争賠償請求権を放棄しました。

中華人民共和国が、日本に対する戦争賠償請求権を放棄するに至ったのは、日華平和条約における賠償請求権放棄の前例と、当時、中国政府が抱えていた中・ソ対立がありました。中国は、何としても早急に、日本、米国と国交正常化を果たす必要があったのです。

韓国との関係では、一九五一年開始されて以降、植民地支配の合法性が争点となり難航した日韓会談が、一九六五年、日韓基本条約・請求権協定としてまとまったのは、ベトナム戦争に呻吟する米国の強い要請があったことは前述したとおりです。

このように日本は、戦後の国際情勢を巧みに利用して、本来、負わなくてはならない戦争賠償義務、植民地支配による賠償義務を免れてきたのです。

一九五一年九月八日サンフランシスコ講和条約締結に際して、韓国政府は、連合国と共に日本と戦ってきた（それまでの義兵闘争、さらには戦争末期、重慶にあった韓国臨時政府は、日本に対し、宣戦布告）ことを強調して、講和会議への参加を強く求めました。これには日本が強硬に反対し、英国もまた、韓国の講和条約への「署名容認は、日本の植民地統治の合法性の否定につながる。そうなると欧米の植民地統治自体を否定する議論が噴出する」と反対しました。

その結果、J・Fダレス国務長官顧問の配慮により、「（韓国は）日本と戦争状態にはなかったから署名は認められないが、連合国の一員として取り扱っている」として、会議場に二つの傍聴席が設けられました。

一九四一年八月、ルーズベルト米大統領、チャーチル英首相が、大西洋上で会談して発した大西洋憲章三項「両国は、主権および自治を強奪された者にそれらが回復されることを希望する」、さらには「前記三大国（米・英・中）は、朝鮮人民の奴隷状態に留意し、やがて朝鮮を自由独立なものにする決意を有する」と謳ったカイロ宣言の精神に反する取り扱いでした。

米ソを両軸とした冷戦の進行の影響もあったかと思いますが、そもそも大西洋憲章にいう、民族自決は、欧州に於けるナチスの蹂躙からの解放というところに主眼があり、植民地支配の問題に正面から向き合ったものではなかったからです。

一九八九年の冷戦崩壊を契機として、アジアの各地の戦争被害者から、日本政府あるいは日本の企業に対し、戦争被害の回復を求める要求がなされるに至りました。この要求に対して、どう応えるべきかを考えるとき、前述したような戦争賠償「放棄の経緯」を、改めて検証しなければならないことは当然ではないでしょうか。「条約的、法的には済んだことだけれども……」という前述の元外務官僚の感慨（二六頁）はそのことを述べているのではないでしょうか。

†ドイツ型基金による解決に学ぶ

戦争の被害は甚大であり、そのすべてを賠償することは不可能です。植民地支配による被害の賠償も同様です。韓国人元徴用工に対する「賠償」は、中国人の場合と比較して、期間も長く、その対象者の数が圧倒的に多く、一企業では担いきれないかもしれません。

そこで考えられるのが、二〇〇一年になされたドイツ型解決です。

二〇〇一年夏、ドイツでは国家が約五〇億マルク、強制労働させたベンツ、フォルクスワーゲンなどの企業数十社が約五〇億マルク、合計一〇〇億マルク（当時の日本円で約五二〇〇億円）を拠出し、《「記憶・責任・未来」基金》を設立し、ナチス時代に強制連行・強制労働させられた約一五〇万の人々に対する補償を行うこととし、二〇〇七年にその任を終えました。

「記憶、責任、未来」基金（正確には財団）の創設に先だっては、ベンツ社や、フォルクスワーゲン社の個別和解がありました。

一九八八年ダイムラーベンツ社は、戦時中、同社で、強制労働させられたユダヤ人からの補償請求に対し、二〇〇〇万マルク（当時のレートで約一四億円）を支払い、同社の自動車博物館の正面玄関前に彫刻物を設けました。

同社は、強制労働の歴史について第三者委員会に調査を依頼し、一九九四年に『ダイムラーベンツにおける強制労働者』という報告書を作成し、出版しました。

フォルクスワーゲン社は一九三八年ナチス政権下、ヒトラーの「アウトバーン大衆車を」という掛け声で創立されました。一九八八年、創立五〇周年を迎えた同社は、記念社

ベンツ社の前に設置された記念の彫像を前に集まる関係者と挨拶する重役（1989年）。写真提供・ベンツ社

フォルクスワーゲン社の敷地内の記念碑の前に集まる関係者。写真提供・フォルクスワーゲン社

史を編むにあたり、強制収容所の収容者を強制労働させた事実に付き歴史家に調査を委ね、その結果を社史に載せました。そして、一九九一年、「ユダヤ人会議」などに一二〇〇万マルクの補償金を支払うことを決定し、同社の工場敷地内に、強制労働させられた収容者の人々のために記念碑を建てました。

これらの和解は戦後世代による同社らの経営陣の、歴史に真摯に向き合い、且つ経営的な判断も加味した「英断」によってなされました。

韓国政府も徴用工問題の解決を模索し、ドイツ型基金の変形、すなわち、日本政府・日本企業＋韓国政府・請求権協定で資金支援を受けた韓国企業の四者による基金の設立案、あるいは当面は四者から日本政府の欠けた三者による基金設立案などが検討されています。しかし「解決済み論」に立つ日本政府はこれらの提案にまったく耳を貸そうとしません。それればかりか、前述したように、二〇一九年七月四日、日本政府は、この問題について韓国政府に圧力を加えるために、日本から韓国への半導体素材輸出の規制強化を発動し、更に八月二日、韓国を輸出手続きの優遇国（ホワイト国）から外すことを閣議決定しました。このような対応は日韓関係をますます険悪なものとするだけです。

これに対応して、一部ではありますが、韓国では日本製品のボイコットの動きが見られ、八月二三日、韓国政府は、日韓軍事情報包括保護協定（ＧＳＯＭＩＡ）の延長拒否決定を日本政府に通告（後留保）して来ました。

一九九二年、ユーゴスラビアの内戦が深刻の度合いを深めた時、英国の歴史家E・ホブズボームは、「歴史学は、核物理学と同じ程度に危険な存在となり得る」と警告しましたが、歴史問題の解決は、同時に、安全保障問題でもあることを改めて痛感します。

第4章

韓国憲法と日本国憲法

†韓国憲法前文

どこの国にも国の礎があります。この礎は国柄と呼ぶこともできます。例えば、かつての「同盟国」ドイツ、基本法第一条は「人間の尊厳は不可侵である。これを尊重し、かつ、保護することは全ての国家権力の義務である」と述べています。これは人間の尊厳を否定したホロコーストの歴史を忘れまいとする新生ドイツの決意の表れであり、二度とこのようなことはしないという世界に向けての誓いでもあります。

我が日本の礎、国柄はどこにあるのでしょうか。日本国憲法前文は「政府の行為によって再び戦争の惨禍が起こることのないやうにすることを決意し、ここに主権が国民に存することを宣言し、この憲法を確定する」と謳っています。日本の礎、国柄はアジア・太平洋戦争に対する反省にあります。

お隣の韓国はどうか。

韓国憲法の前文を読んだことがありますか。韓国憲法では、建国の礎について「三・一運動によって建立された大韓民国臨時政府の法統、及び不義に抗拒した四・一九民主理念を継承し」と謳っています。

「三・一運動によって……」とは、第一次世界大戦後、ウイルソン米国大統領らが提唱した《民族自決》の声の高まりの中で、一九一九年三月一日、日本の植民地下にあった韓国ソウルのタプコル公園で、学生たちが、三三人の民族代表が起草した独立宣言を読み上げ、デモ行進をした三・一独立運動のことです。

この運動は、日本の官憲の弾圧にさらされ、韓国側の調査によれば、死者七五〇〇余名、逮捕者四万六〇〇〇余名を数えるといわれます。この運動が同年四月、上海での臨時政府樹立につながり、さらに同年五月四日、中国北京での帝国主義に反対する中国人学生デモ、いわゆる「五・四運動」へと波及しました。

三・一独立宣言は、朝鮮人に対するだけでなく、末尾近くで以下のように日本人にも呼びかけています。

「今日吾人ノ朝鮮獨立ハ朝鮮人ヲシテ正当ナル正策ヲ遂ケシムルト同時ニ日本ヲシテ邪路

ヨリ出テテ東洋ノ支持者タル重責ヲ全フセントシ」
（今日われわれが朝鮮独立を図るのは、朝鮮人に対しては、民族の正当なる生栄を獲得させるものであると同時に、日本に対しては、邪悪なる路より出でて、東洋の支持者たる重責を全うさせるものである）

これは、一九二四年一二月二八日、中国の孫文が神戸高等女学院で行った演説、日本は「西洋覇道の番犬となるか、それとも東洋王道の干城《かんじょう》となるか」にもつながるものです。

しかし、日本の対韓政策は、
「わが日本の国土はアジアの周辺にありといえども、その国民の精神は、すでにアジアの固陋を脱して西洋の文明に移りたり。しかるにここに不幸なるは近隣に国あり、一を支那といい、一を朝鮮という。（略）わが国は隣国の開明を待つて共にアジアを興すの猶予あるべからず、寧ろその伍を脱して西洋の文明国と進退を共にし、其支那朝鮮に接するの法も隣国なるが故にとて、特別の解釈に及ばず、正に西洋人が之に接する風に従つて処分す可きのみ。悪友を親しむ者は共に悪友を免がる可からず。我は心に於て亜細亜東方の悪友を謝絶するものなり」（福沢諭吉「脱亜論」一八八五年）を基調とするものでした。

その結果が米、中、英三国をして「朝鮮人民の奴隷状態に留意し」（カイロ宣言）と言わしめた植民地支配でした。前述したようにこの条項は台湾など、植民地支配に呻吟していた中国の蔣介石総統の強い要望で入ったようです。

憲法前文にいう「四・一九民主理念」とは、独裁者であった李承晩大統領、及びその亜流の張勉内閣を打倒した一九六〇年の学生革命（その成果は、朴正熙の軍事クーデターによって奪われますが）に関しての記述です。

「四・一九民主理念」が憲法に書き込まれたのは、韓国憲法前文中にもあるように、一九八七年の民主化による九度目の憲法改正がなされた際です。

一九六〇年の学生革命、その後の長い軍事独裁政権の苛酷な時代——一九八〇年五月には光州《クァンジュ》事件もありました——を耐え、一九八七年夏、民主化運動が実を結びます。その民主化によって、二七年前の独裁政権に対する民主化の闘いが憲法に書き込まれたのです。三・一独立運動が韓国の憲法典に書き込まれたのは一九四八年七月一二日大韓民国が成立した時、やはり二七年の歳月を要しています。

韓国では、「三・一運動」「四・一九民主理念」に続き「六・一〇民主革命」を憲法前文に書き込もうとする動きもあるようです。

最近では、フィギアスケートのメダリスト、キム・ヨナ氏が、三月の三・一運動、四月の上海臨時政府樹立、五月の光州事件、六月の民主革命を謳った『３４５６』という歌も人気のようです。三月には一九一〇年三月二六日に処刑された安重根への思いも入っているようです。

先頃、一九二三年の関東大震災における朝鮮人虐殺を題材とした『金子文子と朴烈』、光州事件を題材とした『タクシー運転手』、一九八七年の民主革命を題材とした『一九八七年或る闘いの真実』などの韓国映画が相次いで日本で公開され、多くの人々の共感を呼んでいます。これらの映画を見ますと、三・一運動、四・一九民主理念を憲法典に書き込んだ韓国の民衆運動の歴史がよく分かります。

このように、韓国の建国の礎は、日本の植民地支配に対する抵抗と独裁政権に対する抵抗にあり、その意味では、韓国憲法は「抵抗の憲法」です。

これに対して、わが日本国憲法は、前文に「政府の行為によって再び戦争の惨禍が起ることのないやうにすることを決意し」とあるように、「反省の憲法」です。一九四五年八月一五日の日本の敗戦によって、韓国は、植民地支配のくびきから抜け出すことが出来ました。八月一五日を敗戦記念日とする日本、「光復節」とする韓国、両国の憲法は互いにコインの裏表の関係にあります。

両国関係を考えるに際しては、この関係をしっかりと認識しておくことが必要です。

†未完の日本国憲法を補完する

日本の憲法は未完の憲法、　憲法学者の故奥平康弘先生が、　生前よく言われていたことです。

未完、そうです。国民主権、戦争の放棄、基本的人権の保障を基本原理とする日本国憲法は、アジア・太平洋戦争に対する反省から戦争放棄を宣言し、平和主義を掲げておりましたが、戦争の後始末、すなわち、戦争責任、戦争賠償の問題を放置して来ました。本書のテーマとしている韓国に対する植民地支配の問題もそうです。

米軍基地の重圧に呻吟する沖縄県民のことも忘れてはなりません。一九四六年四月一〇日、日本国憲法を審議するための帝国議会議員選挙に際して、占領軍総司令部の命令により、沖縄県民の選挙権の行使は認められませんでした。一九四七年九月一九日、昭和天皇が、占領軍総司令部（GHQ）に「沖縄を二五年から五〇年間米軍の基地として使うのが日米両国の利益に適う」と伝えた沖縄メッセージがありました。

そして一九五一年九月八日のサンフランシスコ講和条約により沖縄県民は日本から切り捨てられました。

『ヒトラー独裁への道　ワイマール共和国崩壊まで』（ハインツ・ヘーネ　朝日選書　一九九二年）を読んでいて、次の記述に目が釘付けになりました。

「そもそもドイツ人は、これまでもデモクラシーとは決してうまくいってなかった。ドイツのデモクラシーは一九一八年の軍事的敗北という暗い影の中で、労せずして懐の中に転がり込んできたものである。誰ひとりとしてこのデモクラシーを待望していたわけではないし、信奉している者もほとんどいなかった」

「一九一八年の軍事的敗北」とは、第一次世界大戦におけるドイツの敗北を意味するものですが、これを「一九四五年八月一五日の軍事的敗北」と入れ替えればそのまま、我が国のこととして読めます。

一九四五年八月一五日の日本の敗戦は、軍部の追放こそありましたが、政治家、官僚は生き残り、伝統的な支配層に関しては、戦前と戦後の切断をもたらすものではありませんでした。このことは憲法第一一条と第九七条との関係について考えてみるとき興味深いものがあります。

日本国憲法第一一条は「国民はすべての基本的人権の享有を妨げられない。この憲法が国民に保障する基本的人権は、侵すことのできない永久の権利として、現在及び将来の国民に与えられる」としており、同九七条も「基本的人権の本質」として「この憲法が日本国民に保障する基本的人権は、人類の多年にわたる自由獲得の努力の成果であって、これらの権利は、過去幾多の試練に耐え、現在および将来の国民に対し、侵すことのできない永久の権利として、信託されたものである」と重ねています。基本的人権の重要性に鑑みての配置であると理解できなくもありません。しかし、これらの権利は、敗戦の結果得られたものであり、その意味では、九七条の文言は、世界史的な意味における基本的人権の本質についての解説ではあっても、当時の日本の状況について語ったものではありませんでした。

前出の高見順氏『敗戦日記』は一九四五年九月三〇日の日記に以下のように書いています。

「昨日の新聞が発禁になったが、マッカーサー司令部がその発禁に対して解除命令を出した。そうして新聞並びに言論の自由に対する新措置の指令を下した。

これでもう何でも自由に書けるのである！　これでもう何でも自由に出版できるのである。

生れて初めての自由！

自国の政府により当然国民に与えられるべきであった自由が与えられずに、自国を占領した他国の軍隊によって初めて自由が与えられるとは、――かえりみて羞恥の感なきを得ない。日本を愛する者として、日本のために恥かしい。戦に負け、占領軍が入ってきたので、自由が束縛されたというのなら分かるが、逆に自由を保障されたのである。なんという恥かしいことだろう。自国の政府が自国民の自由を、――ほとんどあらゆる自由を剝奪していて、そうして占領軍の通達があるまで、その剝奪を解こうとしなかったとは、なんという恥かしいことだろう。

産報が解散した。皇国勤労観の名の下に、労働階級に軍部、資本家の奴隷たることを強要した産報」

憲法制定当時、日本側実務担当者として連合国軍総司令部（ＧＨＱ）の憲法起草委員らと渡り合った佐藤達夫内閣法制局第一部長（後長官）の回想に依れば、元々、一一条と九七条は一本のものとしてＧＨＱ憲法起草委員側から提示されたものでしたが、日本側が、そのような歴史的経緯は必要がないとして、一一条の文言に整理したところ、ＧＨＱ憲法起草員会の最高責任者であった、ホイットニー准将が、「人類の多年にわたる自由獲得の努力の成果であって、これらの権利は過去幾多の試練に耐え」のくだりは、自分が考えた文言であり、どうしても入れろと強硬な申入れがあり、その結果が九七条になったといいます（佐藤達夫『日本国憲法誕生記』中公文庫）。

ホイットニー准将等は、米本国でも実現していないもろもろの権利を極東の小さな敗戦国で実現させようと、或る種の実験を試みたのでしょう。

基本的人権が確立するまでの長い闘いの歴史に思いを馳せた、法律家でもあるホイットニー准将の高らかな理念と、敗戦の結果、基本的人権が「労せずして懐の中に転がり込んできた」日本側の面々との認識のずれが興味深く思います。

前述した「抵抗の憲法」たる韓国憲法に対し、「反省の憲法」である日本国憲法を考えるとき、日本側委員としてはホイットニー准将のような高揚した気持にはなれず、「人類の多年にわたる自由獲得の努力の成果であって、これらの権利は、過去幾多の試練に堪え」というような文言を憲法典に書き込むのはいささか気恥ずかしいという気持ち――それが言い過ぎならば、「時期尚早」と表現してもいい――がしたのでしょう。その意味で、前述したように、日本国憲法は未完の憲法です。

憲法裁判をも含めた戦後の数々の権利闘争――最近では、安保関連法違憲訴訟、沖縄辺野古の米軍新基地建設反対闘争、そして本書のテーマである戦争賠償、植民地支配の清算――は、この未完の憲法を補完しようとするものです。それは、「この憲法が国民に保障する自由及び権利は、国民の不断の努力によってこれを保持しなければならない」（憲法第一二条）の実践を通して日本国憲法九七条が高らかに宣言した理念を実現し、ひいては韓国憲法にいう権力の横暴に対する「抵抗」の理念に到達しようとする営為です。

†独・仏の和解に倣う

二〇〇四年六月、フランスのノルマンディーにて挙行された連合国軍によるノルマンディー上陸作戦六〇周年記念式典にドイツのシュレーダー首相（当時）の姿がありました。

シラク仏大統領（当時）に「式典にドイツの指導者を招待するのが望ましい」と進言したのは、戦時中のフランスの抵抗運動統一組織「レジスタンス全国評議会」の副事務局長を務めたロベール・シャンベロン氏（九〇歳）でした。

同氏は「フランス人にとり、対独戦の終わりはファシズム・イデオロギーの解体を意味した。欧州市民がファシズムから解き放たれた。ナチズムからのドイツ国民解放でもあった。我々はドイツ国民と戦争をしていたのではない。ヒットラー主義、ファシズムと闘っていたのだ」と語っています（二〇〇五年五月九日毎日新聞夕刊）。

二〇一九年八月二日ベルリン発共同電は、「ワルシャワ蜂起七五周年で追悼　ナチス制圧、独外相許し乞う」という見出しで以下のように報じています。

「第二次大戦末期の一九四四年、ポーランドの首都ワルシャワで市民がナチス・ドイツ軍の占領に対して起こした、「ワルシャワ蜂起」開始から七五年を迎えた一日、市内では人々が犠牲者を追悼した。ドイツのマース外相も現地を訪れ、ドイツ側の行いに許しを乞うた。蜂起は六〇日余り続いたが、約二〇万人の犠牲者を出しドイツ軍に鎮圧された。報道によると、マース氏はこの日、ポーランドのチャプトウイッチ外相と市内のワルシャワ蜂起博物館を訪れ、「ドイツの名の下、ポーランドに対して行われたことを恥じている」と述べた」

加害の歴史に向き合い続けなければドイツという国は欧州では存在しえないのです。二〇一八年一一月一三日の朝日新聞朝刊を見て驚きました。第一次世界大戦終結から一〇〇年に合わせ、駐日独・仏両大使が連名で寄稿文を寄せて、「フランスとドイツは戦争の苦しみを知っているからこそ、過ちを繰り返さないよう、両国間の一層緊密な友好関係を促進させることに決然と取り組んでいるのだ」と語っていたのです。地政学的な違いのあることを認めつつも、いつか、東北アジアでもこのような関係性を創り出したいものです。

歴史問題の解決は、安全保障の問題と直結しているのです。二〇〇一年のドイツ連邦軍改革委員会報告書の冒頭には「ドイツは歴史上はじめて隣国すべてが友人となった」と書かれています。「隣国すべてが友人」、これこそが究極の安全保障ではないでしょうか。

「隣国すべてが友人」となるためには隣国との間にある歴史問題を解決しておかなければなりません。

筆者は、二〇〇九年一〇月の西松建設広島安野の和解以降、二〇一六年の三菱マテリアル和解成立に至るまで、和解事業の節目、節目で毎日新聞夕刊文化欄に寄稿してきました。寄稿文のタイトルは、二〇〇九年一一月四日「歴史をまっすぐ見る勇気を」、二〇一〇年一一月九日「日中真の戦後和解へ　強制連行の加害と受難刻み「記念碑」」、二〇一二年一一月一二日「「受難の碑」を「友好の碑」に」、そして三菱マテリアル和解について、二〇一六年六月七日「日中の緊張緩和に貢献」となっています。タイトルの変化、和解事業の遂行過程の中で、筆者の問題意識が変わって来ているのです。「日中の緊張緩和に貢献」の寄稿文の末尾にこう書きました。「「和解」は和解の成立によって終了するのでなく、和解事業の遂行過程を通じてさらに深め、豊かにすることができる。それは民間による日中友好運動の一つでもある。そして本和解は歴史に真摯に向き合い、被害者に対する謝罪とささやかな慰謝をなすものであるが、昨今の日中の安全保障を巡る環境整備に資する」。

歴史問題と安全保障問題は通底しているという実感です。

安倍政権は、トランプ米大統領の言いなりに莫大な税金を使用して、イージス・アショア、F35B戦闘機などの兵器の爆買をしています。

元徴用工問題など歴史問題はこのような費用よりはるかに少ない金額で解決することが可能です。歴史問題を解決することによって、近隣諸国との間で、「信頼」に基づく真の安全保障を実現することができるのです。

二〇〇四年の三・一独立運動記念式典で当時の盧武鉉大統領が、植民地支配について「日本は、すでに謝罪した。もうこれ以上謝罪するは必要ない。謝罪に見合う行動をしてほしい」と演説しました。

日本では、政府が公式に、戦争責任、植民地支配について謝罪すると、政権に近いところから、これを否定する妄言、例えば南京虐殺はなかった、植民地支配はよいこともした、等々がなされます。「謝罪と妄言の戦後史」（朝日新聞論説主幹若宮敬文）です。被害者からすると。本当に謝罪したのかということになります。ドイツでもネオナチ等の動きもあります。しかし、ドイツではそのような動きについては政権が断固とした否定の姿勢を示します。これが大切なのです。

日本、中国、韓国、東北アジア共同体の形成のためには、日本が真摯に自国の近・現代史に向き合う以外にありません。

†花岡和解から二〇年、変わらない日本政府見解

「かくて宿題が残った　戦後補償問題で冷厳な法律論にはね返されてきた被害者に、遅まきながら光が当たることになった。政府は「国の責任」という残された問題の解決を急ぐべきだ。（中略）この問題を考える上で、見逃せないのはドイツや米国などの動きだ。ドイツは大手企業が基金を作ってナチスの被害に補償している。米国、カナダでは政府が日系人を差別したことを謝罪し、補償している。戦時体制が日本とは違ったとはいえ、どちらが道義的に優れているかは明らかだ。

強制労働のほかにも旧植民地の住民の年金差別、紙切れと化した軍票の処理、軍事郵便貯金の支払いなど、未解決の戦後補償問題が山積している。総合的に対処する必要が

ある。国際的にも注目されている。国際労働機関（ＩＬＯ）の専門家委員会は強制労働の補償、国際人権委員会の人権促進保護小委員会は従軍慰安婦への補償を、それぞれ日本政府に促している。「補償問題はサンフランシスコ条約と二国間条約で解決済み」という日本政府の主張はもはや通じない」

二〇〇〇年一一月二九日の花岡和解に際しての東京新聞社説の一節です。

二〇〇九年の西松建設和解成立の際も、当日の各紙夕刊は和解の成立を積極的に評価し、翌日の社説でも、強制労働問題の解決に向けて日本政府が積極的に動くべきだと主張しました。和解成立の基となった最高裁判決の付言に云う「当事者」には受難者・遺族そして加害企業だけでなく、国策として、強制連行・強制労働を行った日本国家も当然入っていたからです。

そして、二〇一六年の三菱マテリアル和解成立の際も、読売、産経を除いて各紙が肯定的に報じたことはすでに述べたとおりです。しかし、日本政府は、全く動きませんでした。強制連行・強制労働問題を巡っての日本政府の姿勢は花岡和解から二〇年になろうとしても全く変わっていないことに愕然とします。

それどころか、政府は、新日鉄住金、三菱重工などの元徴用工問題は、民間の問題であるにもかかわらず、中国人強制労働和解の事例と異なり、積極的に口出しをし、同社らの自発的な行動を封じ、事態をより困難な状態にと追い込んでしまっています。

このような日本政府の意向を忖度してからでしょうか。本書の冒頭で述べたように二〇一八年一〇月三〇日の韓国大法院判決に際しては、各紙は、

「徴用工裁判　蓄積を無にせぬ対応を」（朝日新聞社説一〇月三一日）
「韓国最高裁の徴用工判決　条約の一方的な解釈変更」（毎日新聞社説一〇月三一日）
「日韓関係の根幹を揺るがす元徴用工判決」（日経新聞社説一〇月三一日）
「「徴用工」判決　日韓協定に反する賠償命令だ」（読売新聞社説一〇月三一日）
「「徴用工」賠償命令　抗議だけでは済まされぬ」（産経新聞主張一〇月三一日）

と、一斉に批判しました。

そんな中で、二〇一八年一〇月三一日付の東京新聞社説だけが「元徴用工判決　日韓摩擦減らす努力を」というタイトルで、「戦後七〇年以上たって、いまだに訴訟が続く背景も考えたい。過酷な環境で働かされたことを法廷で証明し、謝罪を受けたいという原告の切実な思いがあるのだ。原告の一人は「一日十二時間働かされた」と証言した。国家間の協定の陰で後回しにされて来た心の痛みを無視できるだろうか」

と判決に対する一定の理解を示しました。

被害者の目線に立って、植民地支配の実態に向き合うならば、韓国大法院判決を国家間諸合意に反すると批判するだけでは、何ら解決にならないことが理解できるはずです。

†なぜ、負の説明を回避するのか

その形が軍艦に似ていることから通称「軍艦島」と称される長崎市の端島炭坑跡はクルーズ船が運行され、廃墟ブーム等もあり、大変な人気を呼んでいます。

軍艦島では、戦時中、多くの朝鮮人、そして戦争末期には多くの中国人が、強制連行・強制労働させられていましたが、クルーズ船の観光客らには詳しい説明はされていません。

軍艦島の隣に同じ三菱鉱業の経営する高島炭鉱がありますが、前にも触れましたが、そこで働いていたある有名女優の父親は、そのあまりに過酷な労働に耐えられず仲間三人とともに脱走し、丸太につかまって海を渡り、かろうじて対岸にたどり着いた体験を娘への「遺書」という体裁の著書のなかで語っています。

黎明期の日本資本主義はその底辺に於いて、囚人労働（北海道）、朝鮮半島からの強制動員による強制労働によって支えられてきました、

二〇一五年、軍艦島など「明治日本の産業革命遺産」が世界文化遺産登録されるに際し、日本は、世界遺産委員会で、「意思に反し連れて来られ、厳しい環境の下で、働かされた

多くの朝鮮半島出身者」がいたことを認め、当時の徴用政策について理解できるような措置を講じると約束しました。

ところが、日本政府はこのほど、ユネスコ（国連教育科学文化機関）に提出した保全状況報告書で、端島（軍艦島）等の文化遺産を説明する施設「産業遺産情報センター」を端島近くでなく、東京都新宿区に今年度中にオープンさせるとしています。これでは軍艦島クルーズで見学に来た人たちに伝わりません。またその説明文中にも強制連行・強制労働に関する説明はありません。日本政府が二〇一七年に提出した報告書では、徴用政策に言及し、「戦前から戦後にかけて、日本の産業を支えた（ＳＵＰＰＯＲＴ）多くの朝鮮半島出身者がいた」と書かれていました。

これでは「意思に反し連れて来られ、厳しい環境の下で、働かされた多くの朝鮮半島出身者」についての説明とはなりません。今回の報告書でもこの基本姿勢は変えられていません。

韓国外交省は、この報告書を問題視し、日本は、二〇一五年に世界遺産登録が決まった際「（朝鮮半島出身者の）強制労役犠牲者を記憶にとどめる措置を取ることを約束した」のであるから約束通りの措置を取るようにと求めました（二〇一九年一二月四日、朝日新聞）。もっともな話です。

二〇一六年、渋谷在の私立中学校の入試問題に軍艦島に関する出題がなされました。「次の写真に示された長崎県の端島は、海から眺めたようすが軍艦に似ていることから軍艦島ともよばれています。この小さな島に開発された炭坑が端島炭坑でしたが、一九七四年に閉山し、その後は無人島になりました」という解説文が付された、海上から撮った軍艦島の写真と、資料① 軍艦島の平面図（建物の表示がある）、そして、資料② 一九四五年前後数年間の軍艦島での一人当たりの採炭量の推移を表した棒グラフが示され、

問1 写真と資料から、端島ではどのような住宅が建てられましたか。その特徴を答えなさい。また、そのような特徴の住宅を建設した理由を答えなさい。

問2 資料②を見ると、太平洋戦争の終戦直後から数年間は、一人あたり出炭料が、とても少ないことがわかります。これは働き方の変化から説明することが出来ます。働き方はどのように変化したのか、その理由とともに六〇字以内で答えなさい。

地下鉄の「日能研」の広告で、この入試問題を見た時、驚いた。小学校六年生一二歳の子供が、前記説明文以外に軍艦島の歴史について何の知識も与えられていない中で、果して答えられるであろうかと疑問に思った。

広告の片隅に小さな文字で、以下のような日能研が作った「模範解答」が記されていた。

問1に対する解答　建物が高層、その理由として土地が狭い。

問2に対する解答　戦後は労働基準法が制定適用され、労働時間が短くなった。

ネットで調べたところ、問1についてはともかく、問2については回答が難しかったようだという出題教員のコメントが載っていた。当り前でしょう、軍艦島の歴史、とりわけ、朝鮮人（中国人も含む）の一二時間の奴隷労働等々の事実等が学校教育の中でほとんど教えられていない中で、このような入試問題に取り組まされた一一～一二歳の少年、少女が、可哀相です。

問2に対する模範解答は、時間の短縮についてはその通りです。しかし、日本の敗戦を契機に長時間に亘る強制労働が終わったことについて語らず、労働基準法の適用などという綺麗ごと（労基法の施行は一九四七年九月一日から）を語るだけならば、何も語ったことになりません。不都合な事実について沈黙するのが「模範解答」なのでしょうか。

第6章

日韓の関係改善を求めて

†声明「韓国は「敵」なのか」署名運動

国が変わらない以上、まず民間から少しずつでも変えて行くしかありません。

日韓関係の悪化を憂い、二〇一九年七月二六日、和田春樹東大名誉教授、岡本厚『世界』元編集長、在間秀和弁護士ら七八名の呼びかけにより、インターネットで、七月初め、日本政府が表明した、韓国に対する輸出規制に反対し、即時撤回を求める「韓国は「敵」なのか」賛同署名運動を始めました。署名を求めた賛同文についてはいろいろな意見もありましたが、

①日韓は敵なのか、

②日韓は未来志向のパートナー、

③六五年の日韓請求権協定ですべてが解決したわけではない、の三点について問題意識を共有し、賛同署名という方式により、広く国内に呼びかけ、同時に、日本の民衆のすべてが安倍政権の対韓政策を支持しているものではないことを韓国側にアピールしようとするものでした。

署名運動は、同年八月一五日を第一次締め切りまでに、八〇〇〇人以上の賛同が得られ、八月末の段階で九四三六筆に達しました。

賛同署名と同時に求めた「一言」コーナーにも、四〇〇〇人以上の方々から意見が寄せられました。寄せられた意見の多くは日韓の現状を憂い、関係改善を願うものですが、そのために自分としても何が出来るか考えていたが、この署名活動がその場を与えてくれた、感謝する、といったものも多くありました。

この賛同署名は韓国でも大きく報道され、八月一二日、韓国の元総理、元国会議員、学者、ジャーナリストら六七名による声明「韓日の危機を超え、東アジアに平和を」が発せられました。

八月五日、広島の平和記念公園にある「韓国人原爆犠牲者慰霊碑」前で、五〇回目の慰霊祭が開かれました。日韓の政府間での対立が深刻化し、姉妹都市の交流事業などに影響が広がる中、日韓両国の市民、学生ら約三〇〇名が参列し、異国の地で無念の死を強いられた人々に祈りを捧げました（八月五日付け朝日新聞夕刊、同中国新聞）。

八月三一日、東京で、「韓国は「敵」か署名運動」の緊急集会が開催され、署名の呼びかけ人、賛同者らが発言しました。急な呼びかけにもかかわらず、多くの人々が参加し、会場にあふれ、急遽、舞台上にも客席を造り、通訳室も活用し、それでも足らず、廊下で会場内の声を聴く人も多くありました。一部の人たちには事情をお話し、帰ってもらいました。いかに多くの人々が、日韓両国の現状を憂い、何とかしなければと思っているかがよく分かりました。

九月七日、東京渋谷ハチ公前で、日本で広がる異様な嫌韓ムードにもの申し、朝鮮半島にルーツを持つ人々への差別に反対し、これからも共に生きて行こう！　と意思表明する緊急アクション「日韓連帯アクション０９０７」がもたれ、若者らを含む多くの人々が参加しました。

またこの間、ソウルで日本の若者が、道行く韓国人に、そして博多では韓国の若者が、道行く日本人に、「ハグ」を呼びかけ、これを日韓それぞれの市民が暖かく受け入れていたという様な情報も伝えられています。

†言論労組の活動

二〇一九年八月二日、韓国言論労組は「ジャーナリズムの本領と普遍的な人権価値を守れ」という声明を発しました。

これに呼応して、同年九月六日、日本新聞労働組合連合（新聞労連　委員長・南彰）は「『嫌韓』あおり報道はやめよう」と題する声明を発しました。

これらの動きを受けて、九月二八日、「事実に基づいた報道で、国境を越えて平和と人権が尊重される社会を目指そう」と題し、以下のような日韓両国のメディア労働者共同宣言が発せられました。

歴史問題に端を発した日韓両国の政治対立が、さまざまな分野での交流を引裂き両国の距離を遠ざけている歴史の事実に目を背ける者に、未来は語れない。過去の反省なしには、未来を論じることはできない。排外的な言説や偏狭なナショナリズムが幅をきかせ、市民のかけがえのない人権や、平和、友好関係が踏みにじられることがあってはならない。いまこそ、こつこつと積み上げた事実を正しく、自由に報道していくという私たちメディア労働者の本分が問われている。今日、日本の「マスコミ文化情報労組会議」と韓国の「全国言論労働組合」に集うメディア労働者たちは、平和と人権を守り、民主主義を支えるメディアの本来の責務をもう一度自覚して、次のように宣言する。

一、我々は今後、あらゆる報道で事実を追求するジャーナリズムの本分を守り、平和と人権が尊重される社会を目指す。

一、平和や人権が踏みにじられた過去の過ちを繰り返すことがないよう、ナショナリズムを助長する報道には加担しない。

二〇一九年九月二八日

†安倍政権の朝鮮半島政策の転換を求める声明

二〇一九年一〇月一〇日、韓国の李洪九氏ら三人の元国務総理、元国会議長、元駐日大使ら元公職者、文化芸術家、宗教者、学界、言論人、市民社会人ら広範囲な分野での一〇五名の有識者から、「東アジアにおける平和の進展のために　日本安倍政権の朝鮮半島政策の転換が必要である」と題する声明が発せられました。

同声明は、その末尾で、

「私たちは、韓国・中国・日本が、東アジアの平和体制へと進むために、新しい令和の時代が開かれ、日本安倍政権の朝鮮半島政策が転換されることを期待する。日本において、安倍政権の政策に異議を唱え、韓国との対話に乗り出すよう求める声明が発せられたことは、日本社会の良識と健康性を示したものと言えよう」と述べています。

このように、日韓の民衆同士、あるいは同じ職域間で互にエールを交換し、徴用工判決巡って悪化した日韓関係の改善を図るために努力を尽くすことを誓い合うことはとても大切なことです。

†日韓法律家共同宣言

二〇一九年一一月八日、韓国の民主社会のための弁護士会（略称「韓国民弁」）ら六団体と日本の徴用工問題の解決をめざす日本法律家有志の会（略称「日本有志の会」）ら七団体との連名により、以下のような強制動員問題に関する日韓法律家共同宣言が発せられました。

「元徴用工問題をめぐっては、専ら政治的・外交的問題として取り上げられています。しかし、本質的には、徴用工や勤労女子挺身隊などとして意に反して動員され、給料もまともに支払われずに過酷な労働を強いられるという重大な人権侵害を受けた被害者（強制動員被害者）の人権回復の問題です。

この問題の解決は、悪化している日韓関係を改善し、日韓両国の市民の相互理解・相互信頼を築き、真に人権が保障される社会を作るために避けてとおることのできない課題といえます。

このような立場から、私たちは法律専門家として、強制動員問題の解決のために、下記（下記内容は略）のとおり、個人賠償請求権等の法的問題に関する見解を表明するとともに、日韓両国政府及び日本企業に対し、解決に向けてとり組むよう要求します」

そしてさらに、二〇二〇年一月六日、日韓法律家は運動団体とも連携を図り、以下のような声明を発しました。やや長いですが、この問題を解決するに際しての基本的な考え方が明確に示されていますので、全文を記させていただきたいと思います。

強制動員問題の真の解決に向けた協議を呼びかけます。

1　現在、強制動員問題に関して、韓国国会議長が提案した法案などさまざまな解決構想が報じられています。強制動員問題の解決構想が検討されることは望ましいことです。しかし、報じられている解決構想の多くが真の解決になり得るのか疑問です。

2　まず確認しておきたいことは、強制動員問題には、労務強制動員問題（いわゆる徴用工問題）の他に、軍人・軍属として強制動員された被害者の権利救済の問題（軍人・軍属問題）も含まれるということです。

強制動員問題全体を最終的に解決するためには、軍人・軍属問題も含めて解決構想が検討されなければなりません。したがって、総合的な問題解決案とともに現実的な条件を考慮した段階的解決策を検討すべきです。

3　労務強制動員問題の解決についてですが、労務強制動員問題の本質は、被害者個人の人権問題です。したがって、いかなる国家間合意も、被害者が受け入れられるものでなければなりません。また、国際社会の人権保障水準に即したものでなければ真の解決とはいえません（被害者中心アプローチ）。

被害者が受け入れられるようにするためには、労務強制動員問題の解決構想の検討過程に被害者の代理人などが主体のひとつとして参加するなど、被害者の意向が反映できる機会が保障されなければなりません。

また、強制連行・強制労働は重大な人権侵害として違法であり、その被害者に対しては、原状回復や賠償など効果的な救済がなされなければならないと国際社会は求めています。

4　それでは何をもって労務強制動員問題の真の解決といえるのでしょうか。

（1）真の解決といえるためには、①加害者が事実を認めて謝罪すること、②謝罪の証として賠償すること、③事実と教訓が次の世代に継承されるということが充たされなければなりません。

（2）このような事項は、日本と韓国における長年にわたる訴訟活動などを通じて被害者及び支援者らが求めてきたものです。ドイツにおける強制連行・強制労働問題を解決した《記憶・責任・未来》基金や、中国人強制連行・強制労働問題の解決例である花岡基金、西松基金及び三菱マテリアル基金においても、基本的に踏まえられているものです。

特に、労務強制動員問題の本質が人権問題である以上、問題解決の出発点に置かれるべきは、人権侵害事実の認定です。人権侵害の事実が認められることで、初めて被害者の救済の必要性が導かれるからです。

（3）この点、注目すべきは、韓国大法院判決の原告らが韓国での裁判の前に日本で提訴した裁判における日本の裁判所の事実認定とそれに対する評価です。日本の裁判所は結論としては日本企業に賠償責任があることを認めませんでしたが、事実問題としては原告らの被害が強制連行や強制労働に該当し違法であると認めています。

この日韓両国の裁判所がともに認定した人権侵害の事実を、日本政府や日本企業が認めて謝罪をすることが、この問題解決の出発点に位置づけられなければなりません。

5　真の解決を実現するために、誰が、何をすべきなのでしょうか。

（1）労務強制動員被害者らは、国家総動員体制の下、日本政府が政策として企画した労務動員計画（一九三九～四五年）に基づき動員され、日本の加害企業が連行に関与し、炭鉱や工場などで働かされました。したがって、労務強制動員問題に対して第一次的法的責任を負うのは日本国及び日本の加害企業であるといえます。

労務強制動員問題の解決の出発点は、人権侵害の事実を認めることですが、それは日本政府及び日本企業しかできないことであり、そのことが日本国及び日本の加害企業の果たすべき重要な役割といえます。

さらに、今日、国際連合は、「ビジネスと人権に関する国連指導原則」や「グローバル・コンパクト」という取り組みを通じて、人権分野においても企業が責任あるリーダーシップを発揮することを期待しています。韓国大法院確定判決の被告企業である日本製鉄や三菱重工にもその役割を果たす責任があるといえます。これらの加害企業が現在及び将来において人権分野で責任あるリーダーシップを発揮するためには、過去自ら行った人権侵害の事実に誠実に向き合い、その問題を解決することは不可欠であるといえます。

(2) 韓国政府は、日韓請求権協定において強制動員問題をまともに解決できず、その後も被害者の権利救済をなおざりにしてきた道義的責任があります。強制動員被害者問題を全体的に解決するためには、韓国政府も自らの責任と役割を果たすべきです。

(3) 韓国の企業の中には、日韓請求権協定第一条に基づく「経済協力」により企業の基盤が形成されその後発展してきた企業（受恵企業）があります。受恵企業が過去の歴史に誠実に向き合い、歴史的責任を自覚し、自発的にこの問題の解決に関与することは解決のための正しい態度であるといえます。

(4) 以上のとおり、労務強制動員問題を始めとする強制動員問題について日韓両国政府、日本の加害企業及び韓国の受恵企業は、この問題解決のために果すべき責任と役割があります。

6 真の解決を実現することは可能でしょうか。

解決の可能性を検討するにあたり参考になるのは、中国人強制連行・強制労働問題の解決例である花岡基金、西松基金及び三菱マテリアル基金による解決についてです。

ここでは、被害者と加害企業との「和解」により、加害企業が自らの加害と被害の事実と責任を認め、その証として資金を拠出して基金を創設しました。そして、その基金事業として、被害者への補償と慰霊碑の建立、慰霊行事を通じて記憶・追悼事業を行い、また行おうとしています。

この事業に日本政府や中国政府は直接には関与していません。加害事実を認めたのも、残念ながら日本の加害企業のみであり、日本政府は認めてはいません。それは今後の課題として残されています。しかし、このような「和解」を通じて日中両国の被害者、支援者、日本企業などの間で相互理解と信頼が育まれてきています。

日本の最高裁判所は、中国人強制連行・強制労働事件に関する判決の付言の中で被害者を救済すべき必要性を指摘しました。また、日中共同声明により裁判上訴求する権能は失われたが、個人賠償請求権は消滅していないとの解釈を示すことで、加害企業が被害者に任意かつ自発的に補償金を支払うことが法的に許されることを示しました。

韓国人労務強制動員問題についても、日本の裁判所も人権侵害の事実を認めており、救済の必要性が認められるといえます。そして、日韓請求権協定第二条において「請求権の問題」が「完全かつ最終的に解決した」ということの意味については、国家の外交的保護権を解決したのであり、個人賠償請求権は消滅していないというのが日本政府や日本の最高裁判所の判断です。この判断によれば、法的次元ではなく加害企業が任意かつ自発的に補償金を支払うなどの責任ある行動をすべきです。日本の政府や裁判所の見解に照らしても、日韓請求権協定は、労務強制動員問題を解決するにあたり法的障害にはならないといえます。

したがって、少なくとも日本の加害企業が解決を決断し、日本政府がそれを妨害しなければ、解決することは十分に可能といえます。

7

私たちは、労務強制動員問題の真の解決のためには、これまで述べてきたことを踏まえて、関係者間での協議が行われることが望ましいと考えています。

そのために、日韓両国間で、強制動員問題全体の解決構想を検討するための共同の協議体を創設することを提案します。

この協議体は、強制動員被害者の代理人弁護士、日韓両国の弁護士・学者・経済界関係者・国会議員などから構成され、強制動員問題全体の解決構想を一定の期間内に提案することを目的とします。日韓両国政府は、この協議体の活動を支援し協議案を尊重しなければなりません。

私たちは、このような努力が日韓間の厳しい対立を解消するためのひとつの方法であり強制動員問題の解決に向けた途であると考え、日韓共同の協議体の創設を強く強く呼びかけます。

二〇二〇年一月六日

強制動員問題の正しい解決を望む韓日関係者一同

（韓国）金世恩弁護士外三三名

強制動員被害者訴訟支援団外三団体

（日本）川上詩朗（弁護士）外七名

名古屋三菱・朝鮮女子勤労挺身隊訴訟を支援する会外七団体

このように、様々な職域、地域で日韓の民衆同士の交流により、韓国大法院判決を契機とし悪化した日韓関係の関係改善のための取り組みがなされています。国同士はどうであれ、民衆同士は友好を願っているのです。

この共同宣言は、元徴用工問題は日中の民間における強制労働問題解決例を参考にして解決すべきであること、そして、そのために日韓両政府および両国企業が中心となって動くべきことを求めています。そして、日韓双方の政界、経済界、法曹界、メディア界などからの有識者による協議体を作ろうと呼びかけています。

植民地支配の加害者であった日本政府、日本企業は当然として、被害者側であったはずの韓国政府、韓国企業にも一定の戦後責任を求めているところは従来なかったものです。日本側だけではこのような宣言は発せられません。韓国側との共同宣言だからこそ韓国政府、韓国企業にも元徴用工問題の解決に向けての尽力を呼びかけることができたのです。

実は、日本弁護士連合会と大韓弁護士協会は、二〇一〇年六月二一日、ソウルでシンポジウムを開催し、同年一二月一一日、

「日本国による植民地支配下での韓国民に対する人権侵害、特にアジア太平洋戦争時の人権侵害による被害が、日韓両国政府によって十分に回復されないまま放置されていることに対し、両弁護士会が協同してその被害回復に取り組むことの重要性を確認した。日弁連と大韓弁協は、現実的課題として、まず日本軍「慰安婦」問題に対する立法化とその実現に向けた取組が必要であるとの認識を共有化するとともに、一九六五年日韓請求権協定において未解決とされている強制動員による被害を含む諸課題について法的問題と解決案を検討することとした（以下略）」

とする共同宣言を発しています。それから約一〇年間、何をして来たかが、今問われています。

終章

あとがきに代えて

†『反日種族主義』を読んで

二〇一九年一一月、元ソウル大学教授で現在は李承晩学堂校長の李栄薫《イヨンフン》編著の『反日種族主義』が文藝春秋から出版され、論議を呼んでいます。

元徴用工に関する韓国大法院判決を批判し、あわせて文在寅政権が北朝鮮に融和的であると批判するセンセーショナルな内容のものです。

本の帯に小文字で「確かに日本支配は朝鮮に差別・抑圧・不平等をもたらしたが、だからといって」と書かれ、その下に二〇倍くらいの大きな文字で「歴史に嘘をつくことはできない」書かれています。

大法院判決を契機として、日本の植民地支配の歴史的意味について日韓両国が激しい対立状態に陥っている中、韓国の「学者」らが、日本の植民地支配に一定の共感を寄せ、植民地支配を全否定してきた韓国社会の「欺瞞性」を「明らかにした」本だといいます。「韓国を震撼させたベストセラー」であり、日本語版も、二〇一九年一一月一五日発行以来、同年一二月五日、第四刷、四〇万部を記録しているとのことです。

†「韓国の嘘つき文化」?

本書の冒頭で編著者の李栄薫氏は「プロローグ　嘘の国」として、「韓国の嘘つき文化は、国際的に広く知れ渡っています」とし、その根拠として、韓国では偽証罪で起訴される人が多いとか、保険金詐欺が多いとか、韓国人一人当たりの民事事件の件数が世界でもっとも多いとか、さらには政治に嘘が多い等々を挙げています。市井の一私人の発言ならともかく、これが学者を標榜する者の発言かと驚きを禁じえません。日本も、オレオレ詐欺とか、保険金詐欺だとかいろいろあるし、政治家の嘘など、最近の「桜を見る会」疑惑に関する安倍首相の答弁にみられるように蔓延しています。しかし、それでも私たちは、日本が「嘘の文化」社会だとまでは思いません。

そもそも、「嘘を文化とする国」と断ずるに際し、偽証罪で起訴された件数を持ち出し、他国のそれと比較するという発想が驚きです。法廷における偽証の有無とそれが起訴されるかどうかは別問題です。客観的事実と異なる証言が即偽証となるわけではありません。その証言が記憶と異なる内容のものであることが必要です。記憶とことなる証言をあえてしたかどうか、この立証は容易ではありません。偽証罪の立件に慎重かどうかは、その国の検察実務の在り方が影響しており、単純に起訴件数だけを比較するのは全く意味がありません。さらに問題があります。李栄薫氏は、起訴件数を比較して断じているのですが、そのうち何件が有罪になったのかについて全く触れていません。氏は、「刑事裁判における無罪の推定」という基本的な原則を知らないのでしょうか。

さらに、国民一人当たりの民事事件の件数が多い（本当かどうか寡聞にして知らない）ことが、どうして「嘘を文化とする国」ということになるのでしょうか。

†大法院判決は嘘の裁判？

元徴用工に関する韓国大法院判決について李栄薫氏は、「嘘の裁判」と題して「大法院の判決文は、当該事件の「基本的事実関係」で始まっています。その部分を読んだ私の所感、一言で「これは嘘だ」でした。私はここで判決文の法理に対して論争するつもりはありません。私は法律家ではありません。私の批判の焦点はただ一つです。その「基本的事実関係」は事実ではないということです。いえ、嘘である可能性が大きいということです。

大法院は原告の主張が事実であるかどうかを検証しませんでした。判決文に検証の痕跡を見出せません」と書きます。

独裁国家の裁判所ならともかく、普通の国で当事者の主張を吟味しないで書かれた判決文というのはあり得ません。上告審としての大法院判決は、大法院判決として単独に存在するものではなく、それまでに積み重ねられてきた下級審（日本でいえば地裁、高裁）での審理経過を吟味、具体的にそこで為された主張、提出された証拠、当事者・関係者らに対する尋問調書らをすべて吟味したうえで、上告理由の是非について判断するのです。本大法院判決は、「基本的事実関係」として以下のように書いております。

「差戻し前後の各原審判決及び差戻し判決の理由と差戻し前後の原審が適法に採択した各証拠によれば次のような事実がみられる。……」（傍線筆者）

李栄薫氏が、大法院判決について「事実の検証がなされていない」という意味は全く理解できません。すでに本文で述べましたように（一八頁）、大法院判決が認定した強制労働の実態については、日本の裁判所の判決でも認定されています。ただ、日本の裁判所の判決は、原告らの損害を認め，その賠償請求権自体は消滅せず残っているが、日韓請求権協定により、もはや裁判上請求することはできない、として原告らの請求を棄却したのです。

李栄薫氏は、強制労働被害者たる原告らの主張について、

「日本製鉄は月給の大部分を強制貯蓄し、寄宿舎の舎監に通帳とハンコを保管させましたが、その舎監が結局、最後までお金を返してくれなかったと言います。これが原告が被ったと主張する被害の基本内容です」と整理し、「私の主張は次の通りです」として、「日本製鉄が原告に賃金を支払わなかったという主張は成立しない。強制貯蓄云々という判決文自体がそのことを立証している。賃金が原告に渡されていなかったなら舎監がその犯人である。しかし果たしてそうだったのかは、舎監を取り調べてみないことにはわからない。舎監が未成年である原告に代わって原告の本家に原告の月給を送金したかもしれない。要するに当該事件は原告と舎監との間の民事事件である」（傍線筆者）

中国人強制労働事件でもそうですが、「強制貯蓄」という給料の不払いは、労働者が逃亡しないよう現場に縛り付けておく常套手段であることは「公知の歴史的事実」です。大法院判決も述べていますように、原告らは、給与の未払いだけを問題にしていたわけではありません。甘言による募集、すなわち日本に行ったら働きながら学べる、技能も習得できる等々いわれて来たところ、労働の実態は事前の説明と全く異なり、学校に通うどころか、技術の取得の可能性もなく、一日一〇時間の重労働、さらに「突撃期間」として一日一二時間労働という凄まじいものであった、等々について訴えていたのです。この強

制労働の実態については花岡暴動のところで述べたとおりです（七一〜七五頁）。中国人のケースと朝鮮人のケースとは別ではありません。

李栄薫氏が、大法院判決が認定した原告らに課せられた一二時間労働等の凄まじい強制労働の実態について全く言及していないのは不可解としか言いようがありません。

†強制動員、賃金差別の虚構性？

同書の李宇衍氏の論考は、「『強制動員』の神話」、「果たして『強制労働』『奴隷労働』だったのか」、「朝鮮人の賃金差別の虚構性」の三つについて検討しています。

李宇衍氏の論考の要旨は以下のとおりです。

① 朝鮮人労働者は強制によってではなく、募集、官斡旋に自発的に応じた。強制は徴用になってから、

② 殴られたりしたのは、日本人も同様であり、強制労働ではなかった、

③ 日本人と朝鮮人の賃金手取額に二倍もの差異があったのは、日本人の場合は残業があり、朝鮮人は残業がなかったから。賃金からの控除も日本人は家族持ちが多かったので少なく、朝鮮人は寮費等が控除され、（強制）貯金の割合も朝鮮人のほうが日本人より多かった。

①について。

確かに募集、官斡旋は、強制ではありませんでした。しかし前述したように、募集に際しては甘言を弄したり、官斡旋も、行政区画毎に割り当てが決められたりしていました。そして一旦、現場に放り込まれると逃げ出すことが困難であったことについては、多くの当事者らの証言があります。李宇衍氏らは、なぜこのような被害者らの声に耳を傾けないのでしょうか。

②についても同様です。

日本人労働者も殴られたかもしれない。しかし、そのことが韓国人労働者に対する強制労働の事実を否定することになるのでしょうか。

李宇衍氏は、「産業災害率、つまり作業中の死亡率と負傷率が朝鮮人が日本人より高かったという点です。これは事実です。一九三九年一月から一九四五年一二月までサハリンを含んだ日本本土の炭鉱で死亡した炭坑夫は日本人と朝鮮人を合わせ一万三三〇人でした。一九四三年における日本の主要炭鉱での死亡率を見ると、朝鮮人が日本人より二倍ほど高くなっています。その年、炭坑夫のうち朝鮮人は一一万三千余人で、日本人は二二万三千余人でした」と書いています。

朝鮮人炭坑夫の数が日本人の約半分、ところが死亡率は朝鮮人が日本人の約二倍、この事実は、朝鮮人炭坑夫がいかに危険なところで働かされていたかを物語っているのではないでしょうか。

ところが李宇衍氏は以下のように解説します。

炭鉱でいちばん危険な作業は、採炭夫、掘進夫、支柱夫だが、この業務に従事していた日本人坑夫が軍隊に取られ、その後を埋めたのが、「腕力があり危険な仕事もやり遂げ得る丈夫な朝鮮青年」だった。その結果、一九四三年、日本人坑夫中、坑内夫の占める割合は六〇パーセントであったのに対し、朝鮮人は九六パーセントであった。そして、「坑内夫の中でも採炭夫、掘進夫、支柱夫の三種の最も危険な職種が占める比率は日本人の場合三八パーセントにすぎませんが、朝鮮人は七〇パーセント以上でした。この三種の職種を任せられた朝鮮人の比率は日本人より一・九倍も高く、その結果、朝鮮人の死亡率も日本人より二倍近く高くなりました」「朝鮮人の災害率つまり死亡率や重傷率が日本人より高かったのは、朝鮮人が行う作業と朝鮮人の肉体的特性が作用した結果です」。

この解説を亡くなった本人、遺族や負傷した朝鮮人労働者らは、「はい、そうでしたか」と受け入れるでしょうか。

危険な仕事に朝鮮人を従事させた結果、死亡率が日本人の二倍近くなったという事実は動かすことはできません。

†二枚の間違った写真で全てが否定されるか

なお、李宇衍氏は、朝鮮人坑夫の過酷な労働を証明するものとして使われていた写真が、実は朝鮮人坑夫に関するものでなかったことが判明したとし、このことをもって朝鮮人労働者の強制労働はなかったと主張します。写真に関する指摘はその通りかもしれません。しかし、写真が間違っていたということから即強制労働虚偽説が導き出されるわけではありません。

強制労働の実態は、当該写真以外でも、被害当事者その他関係者など多くの人々の証言等によって明らかにされています。

全体の中の一部の間違いを指摘し、それによって全体を否定しようとする李宇衍氏の論法は、歴史修正主義者たちがよく使う手法です。たとえば南京虐殺の被害者は中国側の公式見解では三〇万人とされています。しかし当時の南京の人口、死者の埋葬数、埋葬能力等から見て、今日ではこの三〇万人の数は誇張されたものであろうことは通説となっています。しかし、だからといって虐殺そのものが否定されているわけではありません。東京裁判では被害者の数を十数万人としています。

†もともと請求するものなどなかった？

同書、九項「もともと請求するものなどなかった。請求権協定の真実」で、朱益鍾氏は、日韓請求権協定で、韓国側にはもともと請求するものなどなかったとし、サンフランシスコ講和条約について、「韓国は、日本に対する戦勝国でも、日本の植民地被害国でもありませんでした。ただ「日本から分離された地域」でした。このことはとても重要です。この韓国の国際法的地位が請求権交渉の枠を決定しました．戦勝国や植民地被害国であったなら、一方的賠償を要求できたでしょう。しかし、韓国は日本の一部であり、日本の敗戦によって分離されたものだったので、両国国家と国民の間で、財産及び請求権を相互整理することになりました。韓国と日本は相互に民事上の、財産の返還、債務返済を処理すべし、というのがサンフランシスコ条約でいうところの「特別調整」の意味です。韓国だけが請求権を持っていたのではなく日本にも請求権がありました」と書きます。そして「結論を言います」として、

「植民地支配による被害の賠償、または補償でないならば、最初から、韓国が日本に請求するものは大きな金額にはなりえず、それを確認するという線で一九六五年、請求権協定が締結されました。これは韓日間の最善の合意でした。韓日協定を破棄しない限り、韓国

は何か受け取ってないものがあるから、日本はもっと出さなければならない、などと主張することはできません。一九六五年の請求権協定で、日本との過去史の始末がつけられたこと、過去史が清算されたことを認めなければなりません。これがグローバルスタンダードです」と書きます。

一九六五年の日韓基本条約・請求権協定が植民地支配の合法、違法性について、日韓両国に共通の認識のないままに、米国の強い「指導」の下に、英文を正文として、玉虫色の「解決」をなし、将来に紛争の火種を残したこと、またその際、同協定によって放棄されたのは外交保護権であって、個人の請求権そのものが放棄されたのではないとするのが日本政府の見解であったことは、歴史的事実です。この点については、当時の日本側外交実務の担当者須之部量三元外務省事務次官、栗山尚一元駐米大使らの感慨を引用して述べたとおりです（二六頁、五七～五八頁）。そのような日韓基本条約・請求権協定について「韓日間の最善の合意でした」、「日本との過去史の始末がつけられたこと、過去史が清算されたことを認めなければなりません」とは、言葉がありません。

「売国」という言葉は好きではないし、使いたくはありません。しかし、被害者の蒙った苦痛に想像力を働かせたとき、朱益鍾氏について「民を売る」輩という言葉が浮かんでくるのを拒否できません。

韓国人元徴用工に関する韓国大法院判決が投げかけたのはサンフランシスコ講和条約体制の下でなおざりにされた植民地支配下で蹂躙された個人の被害回復の問題なのです。

†あとがきに代えて

先日、或る市民グループの会合で、日韓関係について講演したことがありました。会終了後の懇親会で、年配の女性からこんな話を聞きました。

彼女が、韓国問題に関心を持ったきっかけは、中学時代、在日韓国人の友だちがいて、あるとき、授業で、教師から教科書を読むように言われたところ、それがたまたま、秀吉の朝鮮侵略に関する記述であったそうです。

教科書には、秀吉の朝鮮征伐と書かれており、その友達が、「征伐」を読まなかったところ、教師は、征伐の漢字が読めないと勘違いして、「せいばつ」と読むのだと言ったそうです。でも、その友達は、征伐の字を読まなかったそうです。

この話を聞いたとき、西独大統領（当時）から、独、仏が和解したように、日本と和解を促された韓国の朴大統領が、「ドイツとフランスは殴ったり、殴られたりした関係だが、韓国の場合は、一方的に殴られっぱなしだったから難しい」と言ったということを思い出しました。

その朴大統領が、光化門広場に秀吉の軍勢と戦った李舜臣の像を建てたのです。「歴史とは現在と過去との間における尽きることのない対話」（E・H・カー）といいますが、韓国では、秀吉の朝鮮侵略は、現在もなお、植民地支配に繋がる「近・現代史」なのです。

他方、日本では、秀吉の「朝鮮征伐」あるいは「朝鮮出兵」という言葉が、現在も普通に使われていることからもわかるように、日本と韓国では、この史実の捉え方がまったく異なるのです。このことを理解しなければなりません。韓国側からすれば、なんの落ち度もないのに、突然大軍で押し寄せ、国土を蹂躙し、たくさんの民を殺した秀吉軍も、近・現代における、閔妃殺害、日露戦争での兵站基地としての使用、植民地支配も、侵略以外のなにものでもないのです。

中国人強制連行・強制労働問題は、一九八〇年代からの中国における日本人支援者らによる調査活動から始まり、会社との交渉→裁判→敗訴→「付言」を梃子とした再交渉、そして和解解決まで、二〇年以上の歳月を要しました。この長い道のりを、日中両国の多くの有名無名の人々が支えました。今日を迎えることなく亡くなった人々も少なくありません。

故大沼保昭氏は、田中宏氏、内海愛子氏らとの鼎談《ていだん》で、

「市民運動って、当事者の思いを実現するために箱根駅伝みたいに、自分に課せられた区

間というか期間をとにかく走り続けて、次の走者にたすきを渡していく。ほとんどは途中で倒れてしまうけど、ごく稀にゴールインできる人もいる。そういうもんじゃないんでしょうか」（『戦後責任』岩波書店　二〇一七年）と語っています。本当にそうだと思います。

古くはこの問題について先導者的な役割を担ってきた新美隆弁護士、その盟友であり、問題解決のための運動を財政面でも支え続けてきた福田昭典さん、初期のころから運動を支援していただいた元参議員田英夫さん、等々を思い浮かべることができます。そして最近では、元衆院議長土井たか子さん、元長崎市長本島等さん、高實康稔長崎大名誉教授らです。

彼らにこの和解の報告ができたらどんなによかっただろうと思います。

それにしても、花岡和解、西松建設和解、三菱マテリアル和解を担当して感じるのは人との縁です、前記の人々のほかに、新村正人元東京高裁判事、鈴木敏之元広島高裁判事、今井功元最高裁判事等々、偶然から始まり、それが色々な人間関係のつながりから必然化するということを感じます。

実は、西松建設和解を実現させた新生西松建設の近藤晴貞社長とも、以下に述べるような縁があったことが分りました。

ある夜、送られて来た筆者の高校同窓会東京支部報『時習の灯』をパラパラと見ていた

2010年10月23日、広島・安野中国人受難の碑前で（栗栖薫撮影）

ところ、「四季の訪問」というコーナーで、西松建設社長近藤晴貞氏がインタビューを受けていたのが目に留まりました。

二〇〇九年一〇月二三日の和解の時の西松建設の代表者です。彼が同窓だとはまったく知りませんでした。筆者より七学年下の後輩です。さらに、記事を読んでみると、筆者と同じ「三河」（愛知県蒲郡市）だとのことです。小沢献金問題を契機に会社のコンプライアンスを確立し、再出発したことなどについても語っておりました。以下のような手紙を出しました。

近藤晴貞様

（前略）二〇〇九年一〇月、中国人強制連行・強制労働事件で、貴社と中国人受難

者・遺族らの間で和解が成立した際、私は、中国人受難者・遺族らの代理人弁護士として、貴社担当者・弁護士らと交渉して来ました。

和解成立後、貴社の協力も得て和解事業を遂行してきました。

本年六月一日、同様の問題で三菱マテリアル社との間でも和解が成立しました。この和解は、前記貴社との和解の延長上でなされたものであり、西松和解があればこそのものでした。

近藤様は、前記「四季の訪問」中で、小沢献金問題に端を発した「西松事件」の克服作業を経る中で得た経営哲学について「すべてのステークホルダーとWin‐Winの関係でありたいということでしょうか。ステークホルダーは株主、企業先、社員、関連会社だけに限りません。社会も大切な一つです。……社会貢献という意識を持って地域と向き合うことが私たち建設業へのまなざしを変える力になると思っています。これもWin‐Winです」と述べておられます。

貴社と中国人受難者・遺族らとの和解によって、二〇一〇年一〇月、両者の連名により、広島太田川上流中国電力発電所の一角に建立された「中国人受難の碑」の裏面には和解にいたる過程が刻まれています。

（以下略）

二〇一六年七月一五日

内田雅敏

しばらくして、近藤晴貞氏から丁寧な返書が届きました。「大変思い出深いお話をありがとうございました」という冒頭のあいさつに続き、二〇〇九年の和解のことについては以下のように述べていました。

「強制連行・強制労働」のお話ですが、解決前の数年、当社の株主総会は、常にその問題で紛糾し、当社の役員は頭を悩ましていたのを記憶しております。解決の糸口は、

① 当社自身が別の問題で事件を起こし、過去を見直し再出発を計らなければならない状況にあったこと。

② 全体合意の存在する中で、個別の問題に対応すべき依りどころとして最高裁判決に「付言」があったこと。

の二点であり、これをもって決断できたと思っております。

決断の深層には三河の風土で育ったことも影響しているのではと思うところでございます。今回のお手紙を頂いて、ご担当された弁護士が高校の先輩だったと知り、これも

何かの縁があったかなと思っております。（以下略）

嬉しい返書でした。和解を喜んでいる西松建設の気持ちを垣間見る気がしました。「決断の深層には三河の風土で育ったことも影響」云々には、ナショナリストではないがパトリオットである筆者の愛郷心をくすぐるものがありました。

ちょっといい話であったので、最高裁判決「付言」を書いた今井功元判事にお知らせしたところ、「人の縁の不思議さを感じる良いお話です」と喜んで下さり、「判決の付言の影響についても改めて痛感させられました」と葉書をいただきました。

韓国で、徴用工問題等の解決に向けて活動する中心人物の一人である崔鳳泰弁護士は北海道新聞のインタビューに応え、以下のように語っています。

「元徴用工訴訟の原告は、被告の日本企業が謝罪し自発的に被害者を救済することを望んでいます。差し押さえた日本企業の資産を売却する方法は半分の勝利でしかあり得ません。日本企業は日本の司法判断を尊重する形でも被害者を救済できます。日本の最高裁が二〇〇七年、西松建設を被告とする訴訟で出した判決では、日本の戦後処理について定めたサンフランシスコ講和条約の趣旨に基づき、原告の個人請求権は裁判では救済できないが、消滅はしていないとして、同社に自発的な「被害の救済に向けた努力」を促しました。同社はその後、包括的な被害者救済を実施しました。この訴訟の原告は中国人でしたが、韓国人も同じように考えるべきです」（二〇一九年一二月二〇日付け北海道新聞「徴用工問題を考える」）

最後に、西松建設代理人・高野康彦弁護士が、『西松安野友好基金和解事業報告書』に寄せてくれた「和解事業終了に際して」と題する一文中から引用させていただき、本書を閉じようと思います。

法理をはなれて、ベルサイユ条約における失敗の反省の上に築かれた戦争賠償の原則が、敗戦国を賠償負担によって疲弊させないことが後の平和に繋がるという考えにあることを想起すれば、驚異的な復興を遂げた敗戦国として、戦争被害に対し何らかの対応を取ることが倫理的でしょう。

その意味で、多くの方々の御尽力により和解に至りましたことは、日本国民の一人として喜ばしいことでした。

しかし、和解は紛争を終結させたにすぎません。和解を真に意義のあるものとされたのは、和解成立後の西松安野友好基金運営委員会の中国および日本の委員の方々による粘り強い受難者の探求と訪日団を招請しての追悼活動を通じた友好親善のための御尽力であったと考えます。

私の委員会へのかかわりは僅かでしたが、遺族、中国側委員と接する機会を持つことが出来たことにより、安野の運動が「日本人に主導されたもの」という考えを改め、将来にわたって日中両国民による相互理解の可能性を認識する機会となりました。

ここに改めて和解および和解事業に携わったすべての方々の御尽力に感謝の意を述べさせていただきます。

追記

コロナウイルス禍が世界的に拡大しています。感染の蔓延を止め、医療現場の崩壊を避けることが喫緊の課題です。

今、私たちは，かつてない試練に直面しています。憲法前文に「いずれの国も自国のことのみに専念して他国を無視してはならないのであって」とあるように、各国が自国中心主義に陥ること無く、一致してこの難局に当たらねばなりません。

今、自粛により営業できない人、働き口がなくなり収入の途が閉ざされた人、その他、新型コロナウイルス禍で経済的に困っている人に対する補償が論議されています。個人の尊重と幸福追求の権利を保障した憲法一三条を戴く日本国憲法の下では当然です。国家の存在理由は民の暮らしを立てさせるところにこそあります。その際、生きることを国籍で区別や差別することは許されません。

本書のテーマは、歴史に蹂躙されてきた個人に対する慰謝と賠償、補償にあります。新型コロナウイルス禍による補償を論じながら、「コロナ後の世界」を模索するに際しては、過去を直視し、歴史に蹂躙されてきた人々の尊厳の回復についても改めて思いを馳せることが必要ではないでしょうか。

＊本書は、先輩阿部英雄元講談社学芸出版部長、筑摩書房青木真次さんのアドバイスによって完成させることができました。お二人の忌憚ないご意見、厳しい注文があればこその本です。本当にありがとうございました。

再録マンガ（一九〇頁）・所ゆきよし

ちくま新書
1503

元徴用工《もとちょうようこう》　和解《わかい》への道《みち》
――戦時《せんじ》被《ひ》害《がい》と個人請求権《こじんせいきゅうけん》

二〇二〇年七月一〇日　第一刷発行

著　者　内田雅敏（うちだ・まさとし）
発行者　喜入冬子
発行所　株式会社　筑摩書房
東京都台東区蔵前二―五―三　郵便番号一一一―八七五五
電話番号〇三―五六八七―二六〇一（代表）
装幀者　間村俊一
印刷・製本　三松堂印刷　株式会社
本書をコピー、スキャニング等の方法により無許諾で複製することは、法令に規定された場合を除いて禁止されています。請負業者等の第三者によるデジタル化は一切認められていませんので、ご注意ください。
乱丁・落丁本の場合は、送料小社負担でお取り替えいたします。
© UCHIDA Masatoshi 2020　Printed in Japan
ISBN978-4-480-07313-6 C0232

ちくま新書

457
昭和史の決定的瞬間
坂野潤治
日中戦争は軍国主義の後ではなく、改革の途中で始まった。生活改善の要求は、なぜ反戦の意思と結びつかなかったのか。日本の運命を変えた二年間の真相を追う。

983
昭和戦前期の政党政治
――二大政党制はなぜ挫折したのか
筒井清忠
政友会・民政党の二大政党制はなぜ自壊したのか。軍部台頭の真の原因を探りつつ、大衆政治・劇場型政治が誕生した戦前期に、現代二大政党制の混迷の原型を探る。

1002
理想だらけの戦時下日本
井上寿一
格差・右傾化・政治不信……戦時下の社会は現代に重なる。その時、日本人は何を考え、何を望んでいたのか？体制側と国民側、両面織り交ぜながら真実を描く。

1036
地図で読み解く日本の戦争
竹内正浩
地理情報は権力者が独占してきた。地図によって世界観が培われ、その精度が戦争の勝敗を分ける。歴史の転換点を地図に探り、血塗られたエピソードを発掘する！

1224
皇族と天皇
浅見雅男
日本の歴史の中でも特異な存在だった明治以降の皇族。彼らはいかなる事件を引き起こし、天皇を悩ませてきたか。近現代の皇族と天皇の歩みを解明する通史決定版。

1383
歴史としての東大闘争
――ぼくたちが闘ったわけ
富田武
安田講堂事件から五十年。東大闘争とは何だったのか。当事者として、また歴史家として学生運動の過程と社会的・歴史的背景を検証。闘争の思想的意味を問い直す。

1482
天皇と右翼・左翼
――日本近現代史の隠された対立構造
駄場裕司
日本を動かしたのは幕末以来の天皇家と旧宮家の対立と裏社会の暗闘だった。従来の右翼・左翼観を打ち破り、日本の支配層における対立構造を天皇を軸に描き直す。

ちくま新書

465 憲法と平和を問いなおす　長谷部恭男

情緒論に陥りがちな改憲論議と冷静に向きあうには、そもそも何のための憲法かを問う視点が欠かせない。この国のかたちを決する大問題を考え抜く手がかりを示す。

905 日本の国境問題 ——尖閣・竹島・北方領土　孫崎享

どうしたら、尖閣諸島を守れるか。竹島や北方領土は取り戻せるのか。平和国家・日本の国益に適った安全保障とは何か。国防のための国家戦略が、いまこそ必要だ。

1044 司法権力の内幕　森炎

日本の裁判所はなぜ理不尽か。人質司法、不当判決、形式的な死刑基準……など、その背後に潜むゆがみや瑕疵を整理、解説。第三権力の核心をえぐる。

1049 現代語訳　日本国憲法　伊藤真

憲法とは何か。なぜ改憲が議論になるのか。明治憲法と、日本国憲法。「二つの憲法」の生き生きとした現代語訳から、日本という国の姿が見えてくる。

1075 慰安婦問題　熊谷奈緒子

従軍慰安婦は、なぜいま問題なのか。背景にある戦後補償問題、アジア女性基金などの経緯を解説。特定の立場によらない、バランスのとれた多面的理解を試みる。

1122 平和憲法の深層　古関彰一

日本国憲法制定の知られざる内幕。そもそも平和憲法は押し付けだったのか。天皇制、沖縄、安全保障……その背後の政治的思惑、軍事戦略、憲法学者の主導権争い。

1142 告発の正義　郷原信郎

公訴権を独占してきた「検察の正義」と、不正や不祥事を捜査機関に申告する「告発の正義」との対立、激変する両者の関係を腑分け。問題点から可能性まで考察する。

ちくま新書

1173
暴走する自衛隊
纐纈厚
自衛隊武官の相次ぐ問題発言、国連PKOへの参加、庁から省への昇格、安保関連法案の強行可決、文官優位の廃止……。日本の文民統制はいま、どうなっているか。

1199
安保論争
細谷雄一
平和はいかにして実現可能なのか。安保関連法をめぐる激しい論戦のもと、この重要な問いが忘却されてきた。外交史の観点から、現代のあるべき安全保障を考える。

1220
日本の安全保障
加藤朗
日本の安全保障が転機を迎えている。「積極的平和主義」とは何か？　自国の安全をいかに確保すべきか？　これらの点を現実的に考え、日本が選ぶべき道を示す。

1407
官僚制と公文書
——改竄、捏造、忖度の背景
新藤宗幸
眼を覆いたくなるほど凄まじい官僚の劣化。組織構造、意思決定、情報公開法や公文書管理法など、官僚統制のシステムを問いなおし、〝政権主導〟の暴走をえぐる。

1483
韓国　現地からの報告
——セウォル号事件から文在寅政権まで
伊東順子
セウォル号事件、日韓関係の悪化、文在寅政権下の分断……2014～2020年のはじめまで、何が起こり、人びとは何を考えていたのか？　現地からの貴重なレポート。

541
内部被曝の脅威
——原爆から劣化ウラン弾まで
肥田舜太郎
鎌仲ひとみ
劣化ウラン弾の使用により、内部被曝の脅威が世界中に広がっている。広島での被曝体験を持つ医師と気鋭の社会派ジャーナリストが、その脅威の実相に斬り込む。

1159
がちナショナリズム
——「愛国者」たちの不安の正体
香山リカ
2002年、著者は『ぷちナショナリズム症候群』で「愛国ごっこ」に警鐘を鳴らした。あれから13年、安倍内閣、ネトウヨ、安保法改正——日本に何が起きている？